# JURISDIÇÃO CONSTITUCIONAL

## teoria da nulidade
*versus*
## teoria da nulificabilidade das leis

H448j Heck, Luís Afonso

Jurisdição constitucional: teoria da nulidade *versus* teoria da nulificabilidade das leis / Luís Afonso Heck. – Porto Alegre: Livraria do Advogado Editora, 2008.

88 p.; 14 cm.

ISBN 978-85-7348-519-6

1. Jurisdição constitucional. 2. Nulidade. 3. Tribunal constitucional. I. Título.

CDU – 342.4

Índices para o catálogo sistemático:
Jurisdição constitucional
Tribunal constitucional

(Bibliotecária responsável: Marta Roberto, CRB-10/652)

LUÍS AFONSO HECK

# JURISDIÇÃO CONSTITUCIONAL

## teoria da nulidade *versus* teoria da nulificabilidade das leis

Porto Alegre, 2008

*Capa, projeto gráfico e diagramação*
Livraria do Advogado Editora

*Revisão*
Rosane Marques Borba

*Direitos desta edição reservados por*
**Livraria do Advogado Editora Ltda.**
Rua Riachuelo, 1338
90010-273 Porto Alegre RS
Fone/fax: 0800-51-7522
editora@livrariadoadvogado.com.br
www.doadvogado.com.br

Impresso no Brasil / Printed in Brazil

Este livro teve origem no trabalho que foi apresentado no Congresso Internacional de Direito Constitucional, realizado em Goiânia nos dias 10 a 12 de maio de 2006. As referências, que se encontram atualmente no livro de Robert Alexy, intitulado *Constitucionalismo discursivo*. Porto Alegre: Livraria do Advogado Editora, 2007. Tradução: Luís Afonso Heck e no livro de Hartmut Maurer, intitulado *Contributos para o direito do estado*. Porto Alegre: Livraria do Advogado Editora, 2007. Tradução: Luís Afonso Heck, foram, ao tempo do congresso, feitas em separado.

# Sumário

# I. Colocação da questão

A constituição federal de 1988 deu, no artigo 102, *caput*, ao supremo tribunal federal a tarefa de guardar a constituição. Se se pergunta[1] sobre essa expressão, então a resposta indica para uma discussão entre Carl Schmitt[2] e Hans Kelsen,[3] situada no início dos anos 30 do século pas-

[1] A pergunta está colocada no sentido de Gadamer. Segundo ele, na essência da questão reside que ela tem um sentido. Sentido é, porém, sentido de direção. O sentido da questão é, portanto, a direção na qual a resposta somente se pode realizar, se ela quer ser resposta cheia de sentido, conforme o sentido. Com a pergunta o interrogado é posto em um determinado sentido (Gadamer, Hans-Georg. *Wahrheit und Methode*. Bd. 1, 6. Aufl., Tübingen: Mohr, 1990, S. 368. Versão portuguesa: *Verdade e método I*. 7 ed. Petrópolis: Rio de Janeiro, 2005, página 473. Tradução: Flávio Paulo Meurer). Essa pergunta diferencia-se tanto da pergunta retórica, que não só é sem perguntador, mas também sem perguntado (mesmo autor e obra, S. 369, página 474), como da pergunta oblíqua. O oblíquo de uma questão consiste nisto, que a questão não observa um sentido de direção real e, por isso, não possibilita uma resposta (mesmo autor e obra, S. 370, página 475).

[2] Schmitt, Carl. *Der Hüter der Verfassung*. 4. Aufl., Berlin: Dunker und Humblot, 1996. A primeira edição é de 1931. Versão portuguesa: *O guarda da constituição*. Belo Horizonte: Del Rey, 2007. Tradução: Geraldo de Carvalho.

[3] Kelsen, Hans. Wer soll der Hüter der Verfassung sein?, in: *Die Justiz*, Band VI (1930/31), Berlin-Grunewald: Dr. Walther Rotschild, S. 576 ff. Versão portuguesa: Quem deve ser o guardião da constituição?, in: Kelsen, Hans. *Jurisdição constitucional*. São Paulo: Martins Fontes, 2003, página 237 e seguintes. Tradução: Alexandre Krug.

sado. O desenvolvimento, no âmbito da jurisdição constitucional, depois do segundo pós-guerra, vai ao encontro da idéia de Kelsen.[4] Parece, nesse sentido, então, justificado fazer, primeiro, um breve esboço, dotado com referências, dos pontos de vista do escrito do último autor mencionado, que estão em conexão imediata com o tema desta palestra, enunciado pelo seu título.

---

[4] Ver infra, nota 27.

## II. O guarda da constituição

Após situar o fundamento do pensamento de Schmitt, ancorado na idéia do monarca como órgão supremo do exercício do poder estatal e, mesmo assim, neutro e, portanto, capaz de controlar sozinho a constitucionalidade do exercício do poder estatal, na doutrina de um dos ideólogos mais antigos e empregados da monarquia constitucional, a de Benjamin Constant,[5] é mostrada a sua finalidade, ou seja, passar a tese ideológica do poder neutro do monarca constitucional[6] para o chefe de estado de uma república

[5] Kelsen, H. (nota 3), S. 578, 580; página 242, 243.

[6] A perspectiva da hermenêutica também parece falar em favor de Kelsen. "Nós designamos acima a pertença à tradição como uma condição do entender científico-espiritual. Façamos agora a prova ao nós examinarmos como se apresenta esse elemento estrutural do entender no caso da hermenêutica jurídica e teológica. Pelo visto, não se trata de uma condição limitativa do entender, mas de uma condição, que o possibilita. A pertença do intérprete a um texto é como a pertença do ponto visual à perspectiva dada em uma imagem. Não se trata disto, que se deve procurar e ocupar esse ponto visual como um lugar, mas que, aquele que entende, não escolhe arbitrariamente o seu ponto de vista, mas encontra o seu lugar dado. Assim, para a possibilidade de uma hermenêutica jurídica é essencial que a lei vincule de modo igual todas as partes da comunidade jurídica. Onde isso não é o caso, onde, por exemplo, como no absolutismo, a vontade do soberano absoluto está acima da lei, não pode haver nenhuma hermenêutica, uma vez que um soberano pode explicar suas palavras também contra as regras da interpretação comum. Porque lá a tarefa, sim, de modo algum, está colocada, interpretar a lei de modo que no sentido jurídico da lei o caso concreto é decidido justamente. A vontade, não vinculada pela lei, do monarca pode, pelo contrário, produzir aquilo que lhe parece *justo*,

democrática, eleito sob a pressão das correntes político-partidárias.[7] Para apoiar esse intento, Schmitt volta-se contra o estabelecimento de uma, muitas vezes exigida, e, em alguns estados já realizada, jurisdição constitucional, isto é, de transferir a função da garantia da constituição a um tribunal independente que vai funcionar como tribunal constitucional central à medida que tem de decidir, em um procedimento formado por partes, sobre a constitucionalidade de atos impugnados do parlamento, principalmente de leis, e do governo, particularmente de regulamentos, cassar esses atos em caso de sua anticonstitucionalidade e, eventualmente, julgar sobre a responsabilidade, feita valer com demanda, de certos órgãos.[8] Somente dos pontos de vista, sob os quais se pode discutir o problema político-jurídico de um tribunal constitucional central, apreciar os seus prós e contras, um é completamente sem interesse, ou seja, este, se esse órgão é um "tribunal" e se sua função é "justiça" autêntica.[9] Essa é, sem dúvida, uma questão teórico-jurídica muito significativa de classificação. Mas de sua resposta – seja ela afirmativa ou negadora – nada resulta absolutamente, que falasse a favor de ou contra transferir a função designada a um órgão colegiado, a cujos membros,

sem consideração à lei, e isso quer dizer, *sem o esforço da interpretação.* A tarefa do entender e do interpretar existe precisamente só lá onde algo está assim fixado que ele, como o fixado, é não-anulável e vinculativo" (Gadamer, H.-G. (nota 1), S. 334 f., realçado por L. A. H., página 432). Do mesmo modo, a perspectiva constitucional. Ver para ela Hesse, Konrad. *Elementos de direito constitucional da república federal da Alemanha.* Porto Alegre: Sérgio Antonio Fabris editor, 1998, página 29 e seguintes, número de margem 5 e seguintes. Tradução: Luís Afonso Heck. Título original: Grundzüge des Verfassungsrechts der Bundesrepublick Deutschland.

[7] Kelsen, H. (nota 3), S. 582; página 246.

[8] Kelsen, H. (nota 3), S. 583; página 247 e seguinte. Ver sobre isso também Heck, Luís Afonso. *O tribunal constitucional federal e o desenvolvimento dos princípios constitucionais.* Porto Alegre: Sérgio Antonio Fabris editor, 1995, página 23 e seguinte e nota 6.

[9] Kelsen, H. (nota 3), S. 583, pontuação no original; página 248.

chamados de algum modo, é garantida a completa independência; uma independência perante governo e parlamento que é chamada "judicial", porque ela costuma ser concedida pelas constituições modernas aos tribunais.[10]

Os argumentos de Schmitt, segundo Kelsen, partem do pressuposto equivocado que entre a função da justiça e funções "políticas" existe uma oposição essencial, que particularmente a decisão sobre a constitucionalidade de leis e a anulação de leis anticonstitucionais é um ato "político", do que é deduzido que tal atividade não é mais justiça. Se deve ser obtido da, ambígua e desmedidamente abusada, palavra "político", no fundo, um sentido, até certo ponto firme, então se pode nessa conexão, onde se trata de uma oposição à justiça, somente supor que se deve expressar algo como exercício do poder em oposição a um exercício do direito.[11] Se se vê o "político" na decisão de conflitos de

[10] Kelsen, H. (nota 3), S. 583 f.; página 248. Na estrutura da constituição federal de 1988, o supremo tribunal federal tem a qualidade de um tribunal e ele, assim, em várias decisões, fixou a sua tarefa: ser o guarda da constituição. Ver, por exemplo, RTJ 156, 1 (288 e seguintes); RTJ 174, 3 (806 e seguintes); RTJ 180, 1 (41 e seguintes); RTJ 183, 2 (486 e seguintes), RTJ 185, 1 (3 e seguintes).

[11] Kelsen, H. (nota 3), S. 585 f., pontuação no original; página 250. Nessa conexão realça o papel que Kelsen vê na constituição. Assim: "Independente de como se definiu o conceito de constituição, sempre ele apresenta-se com a pretensão de compreender o fundamento do estado sobre o qual o ordenamento restante estrutura-se. Se se observa mais circunstanciadamente, então se mostra que com o conceito de constituição, que se cobre nessa relação com o conceito da forma de estado, é considerado, sobretudo e sob todas as circunstâncias, um princípio no qual a situação de poder política encontra sua expressão jurídica" (Kelsen, Hans. Wesen und Entwicklung der Staatsgerichtsbarkeit, *VVDStRL*, Heft 5, Berlin und Leipzig: Walter de Gruyter, 1929. S. 36. Versão portuguesa: A jurisdição constitucional, in: Kelsen, Hans. *Jurisdição constitucional*. São Paulo: Martins Fontes, 2003, página 130. Tradução: Maria Ermantina Galvão. A tradução portuguesa tomou por base o texto em francês. A tradução do alemão para o francês foi realizada por Charles Eisenmann. Fonte: Kelsen, Hans. *Reine Rechtslehre*. 1. Aufl. (2. Neudruck der 1. Auflage Leipzig und Wien 1934), Aalen: Scientia Verlag, 1994, S. 161). Ver sobre isso também Heck, L. A. (nota 8), página 28, com mais indicação bibliográfica (nota 26).

interesse, na terminologia de Schmitt "decisão",[12] então se

[12] Kelsen, H. (nota 3), S. 586, pontuação no original; página 251. Kelsen emprega aqui a palavra Dezision. Ao lado dela estão, no âmbito idiomático alemão, as palavras Dezisionismus e dezisionistisch. Eu decidi-me pela tradução seguinte respectiva: decisão, decisionismo e decisionista. Essas palavras, no âmbito idiomático português, todavia, até onde se pode ver, ainda não foram registradas com o significado que elas têm naquele âmbito. Parece, por conseguinte, justificada a referência seguinte: "*Dezision, Dezisionismus* designa decisões ou procedimentos de decisões para os quais é característico que eles não são fundamentados ou fundamentáveis com referência a padrões de racionalidade gerais. Isso vale para contextos concernentes a uma determinada situação, nos quais, por exemplo, em virtude de informação limitada ou tempo limitado, os fundamentos ou relações-meio-finalidade, relevantes para uma decisão, não podem ser clarificados suficientemente. – Em seguimento ao critério de sentido empírico do empirismo lógico é sustentada a tese que uma fundamentação, no sentido rigoroso, somente pode haver no âmbito de declarações capazes de verdade, que dizem respeito a fatos empíricos. A posição metaética do emotivismo tira disso a conseqüência, quando ela sustenta essa tese, que manifestações morais somente expressam colocações e sentimentos subjetivos, que mesmos, mais além, não são fundamentáveis. Nas exposições sobre a liberdade dos valores das ciências M. Weber, na questão da fundamentabilidade de proposições de valores, ocupa a posição que valorações não podem ser objeto de conhecimento científico. Normas e sentenças de valor estão sujeitas a uma outra lógica da fundamentação que declarações empíricas. Disso foi derivada a tese – não coberta pela argumentação weberiana – que últimas valorações são um assunto da decisão pessoal. A posição, exposta por H. Albert, do racionalismo crítico remete a isto, que uma fundamentação última válida de normas ou proposições morais não é possível, uma vez que cada exigência por fundamentação última deve levar ou a um regresso infinito ou a um círculo lógico ou à demolição do procedimento de fundamentação por referência a um dogma (trilema de Münchhausen). A pretensão de fundamentação racional pode, por conseguinte, ser sustentada só convenientemente com referência à revisão das conseqüências de proposições morais, com referência a sua realizabilidade e liberdade da contradição. A proposições morais pode somente ser conferido o status de normas aceitas hipoteticamente, uma vez que a revisabilidade dessas normas não pode ser excluída fundamentalmente. A reserva do decisionismo leva em Albert à posição de uma racionalidade prática limitada. Se justificação é equiparada com dedução e racionalidade é limitada ao método científico de presunção e refutação (por referência a fatos), então também não é possível justificar mesmo essa colocação crítica. Resta, como

encontra em toda a sentença judicial, ora mais, ora menos, um fator de decisão,[13] um fator de exercício de poder. O caráter político da justiça é tanto mais forte quanto mais amplo é o poder discricionário livre[14] que a dação de leis,

única possibilidade, a escolha subjetiva entre modelos de conhecimento e de atuação concorrentes, que nem podem ser justificados dedutivamente nem certificados cientificamente. – No âmbito da argumentação jurídica foi alegado por C. Schmidt, contra a pretensão de ausência de lacunas do ordenamento jurídico (da parte do positivismo jurídico), a reserva, que com os meios de conhecimento jurídicos não se pode derivar cada decisão jurídica necessária do material jurídico. Ao contrário, permanece sempre um elemento de decisão que não é derivável mais além. Do mesmo modo, o caso excepcional contém – quando por meio de decisão soberana primeiro deve criar a situação, na qual preceitos jurídicos (novos) devem valer – um tal elemento de decisão voluntário." (*Metzler-Philosophie-Lexikon: Begriffe und Definitionen*/Hrsg. von Peter Prechtl und Franz-Peter-Burkard. 2. Aufl., Stuttgart; Weimar: Metzler, 1999, S. 106 f. [Artikel Dezision, Dezisionismus.] Pontuação no original.)

Diante disso, é instrutivo verificar a tomada de posição de Robert Alexy em seu trabalho: *Theorie der juristischen Argumentation.* Frankfurt am Main: Suhrkamp, 1983, S. 221 ff. Versão espanhola: *Teoría de la argumentación jurídica.* Madrid: Centro de estudios constitucionales, 1997, página 175 e seguintes. Tradução: Manuel Atienza e Isabel Espejo.

[13] Ver nota anterior.

[14] Em conexão com o poder discricionário está a questão dos conceitos gerais, cláusulas gerais e conceitos indeterminados.

No plano da dação de leis pode ser dito: o dador de leis pode valer-se deles em setores jurídicos diversos. No âmbito dos conceitos jurídicos indeterminados o tribunal constitucional federal alemão opôs restrições ao dador de leis, ou seja, ele não está completamente livre no seu emprego, mas deve considerar os preceitos da clareza normativa e da justiciabilidade. Ele não deve, principalmente, deixar a decisão sobre os limites da liberdade dos cidadãos unilateralmente à discrição da administração e, além disso, a prescrição normativa precisa, em seus pressupostos e em seu conteúdo, ser formulada de tal maneira que aqueles por ela afetados reconheçam a situação jurídica e possam regular a sua conduta de acordo. Ver sobre isso Heck, L. A. (nota 8), página 206 e 206 e seguintes. Diante disso, pode dizer-se: o tribunal constitucional federal alemão examina não só em que setores jurídicos eles são necessários, e, portanto, admissíveis jurídico-constitucionalmente, mas também a extensão da indeterminação.

No direito administrativo o poder discricionário aparece do lado das conseqüências jurídicas, os conceitos jurídicos indeterminados e o espaço de apreciação são problemas do tipo legal. Ver a esse respeito Maurer, Hartmut. *Direito administrativo geral.* São Paulo: Manole, 2006, página 152 e seguintes, número de margem 26 e seguintes e página 140 e seguintes e número de margem 1 e seguintes. Tradução: Luís Afonso Heck. Título original: Allgemeines Verwaltungsrecht. Alexy, Robert. Vício no exercício do poder discricionário, in: *Revista dos Tribunais*, volume 779, 2000, página 11 e seguintes. Tradução: Luís Afonso Heck. Título original: Ermessensfehler.

Para as cláusulas gerais no direito civil, ver Heck, Luís Afonso. Apresentação, in: Cachapuz, Maria Cláudia. *Intimidade e vida privada no novo código civil brasileiro.* Porto Alegre: Sergio Antonio Fabris editor, 2006, página 11 e seguintes.

No plano da constituição Kelsen tem uma posição bem restritiva perante o que ele denomina de princípios que, ao invocar o ideal de liberdade, igualdade, eqüidade, moralidade, não tem qualquer determinação mais circunstanciada sobre o que é considerado com isso (Kelsen, H. (nota 11), S. 69; página 168; ver também Kelsen, H. (nota 3), S. 595; página 262). Ele objeta: se se trata, porém, de normas que ainda não estão positivadas de nenhum modo, mas primeiro, porque elas apresentam a "justiça", devem converter-se em direito positivo (ainda que os defensores desses princípios já os considerem, em uma idéia mais ou menos clara, "direito"), então existe nada mais que postulados juridicamente não-vinculativos (que, em verdade, somente são expressão de determinados grupos de interesses) dirigidos aos órgãos encarregados de criação do direito. E precisamente, não só aos órgãos da dação de leis, nos quais a possibilidade de realizar tais postulados é quase uma ilimitada, mas também aos órgãos dos graus baixos da criação do direito, onde essa possibilidade, sem dúvida, baixa na mesma medida que sua função tem o caráter de aplicação do direito, contudo, e precisamente, está dada nessa medida, existe como poder discricionário livre; na jurisdição e administração, portanto, quando vale, escolher entre várias possibilidades de interpretação. Precisamente nisso, que a consideração ou realização desses princípios, que até agora, apesar de todos os esforços, não encontraram nenhuma determinação, também só até certo ponto inequívoca, no processo de criação do direito não têm o caráter de uma aplicação do direito no sentido técnico da palavra e, pelos fundamentos citados, também nem sequer podem ter, precisamente nisso reside a resposta à questão, se eles podem ser aplicados por um tribunal constitucional (Kelsen, H. (nota 11), S. 68 f., pontuação no original; página 167 e seguinte). Mais adiante, diz Kelsen: exatamente no âmbito da jurisdição constitucional, porém, eles podem desempenhar um papel extremamente perigoso, e precisamente, quando vale examinar a constitucionalidade de leis. (...); e, por isso, não está excluída, de modo nenhum, a possibilidade que um tribunal seja chamado a decidir sobre a questão da constitucionalidade de uma determinada lei, casse essa lei com a fundamentação que é injusta porque "justiça" é um princípio constitucional e, por isso, deve ser aplicado pelo tribunal constitucional. Isso significa, porém, que ao tribunal é concedida uma plenitude de poderes que absolutamente deve ser sentida como insuportável (Kelsen, H. (nota 11), S. 69 f.; página 169; ver também Kelsen, H. (nota 3), S. 595 f., 600 f.; página 262 e seguinte, 265). Sobre o último, ver Alexy, Robert. Direito constitucional e direito ordinário. Jurisdição constitucional e jurisdição especializada, in: Robert Alexy. *Constitucionalismo discursivo*. Porto Alegre: Livraria do Advogado Editora, 2007, página 72. Tradução: Luís Afonso Heck.

Aqui está abordada também a questão dos valores. Nessa conexão, deve, por um lado, ser lembrada a concepção de Schmitt a respeito. Assim, pode ler-se nele: "Ao valor superior o valor inferior tem o direito e o dever de se submeter, e o valor como tal destrói, com razão, o desvalor como tal. Isso é claro e simples e fundamentado na peculiaridade do valor. Precisamente nisso consiste a "tirania dos valores" que entra pouco a pouco na nossa consciência" (Schmitt, Carl. Die Tyrannei der Werte, in: *Säkularisation und Utopie, Festschrift für Ernst Forsthoff*. Stuttgart, Berlin, Köln, Mainz, 1967, S. 59, pontuação no original). "O desvalor não tem direito diante do valor e para a imposição do valor superior nenhum preço é muito alto" (mesmo autor e obra, S. 61). "A lógica do valor deve sempre valer: que para o valor extremo o preço extremo nao é muito alto e deve ser pago" (mesmo autor e obra, S. 60). No final ele, contudo, parece ser admoestador: "Um jurista que aceita isto, tornar-se efetivador de valores imediato, deveria saber o que faz. Ele deveria considerar a origem e estrutura dos valores e não deveria tomar à ligeira o problema da tirania dos valores e da efetivação do valor sem mediação. Ele deveria ter clareza sobre a filosofia-valores moderna antes de ele decidir tornar-se valorador, transformador de valores, revalorizador ou desvalorizador e, como sujeito apoiador de valores e que sente valores, proclamar a fixação de um ordenamento de graus de valores, subjetivo ou também objetivo, na forma de sentenças de juiz com coisa julgada" (mesmo autor e obra, S. 62). Uma resposta para isso encontra-se no princípio da concordância prática de Hesse (Hesse, K. (nota 6), página 66 e seguinte, número de margem 72, página 255, número de margem 317, página 261 e seguinte, número de margem 325, página 266 e seguinte, número de margem 332, página 304 e seguinte, número de margem 393, página 310, número de margem 400, página 324 e seguinte, número de margem 423, página 343 e seguinte, número de margem 448 e página 362, número de margem 472) e, uma vez, no conceito de uma ordem hierárquica dos valores segundo sua essência geral,[15] deve deixar necessariamente à justiça. A opinião que somente a dação de leis, não, porém, a justiça "autêntica" é política, é do mesmo modo falsa como esta, que somente a dação de leis é criação de direito produtiva, a jurisdição, porém, somente é aplicação do direito reprodutiva. No fundo, são duas variantes de uma e mesma equivocação.[16] Ao o dador de leis autorizar o juiz a,

de Alexy (Alexy, Robert. *Theorie der Grundrechte.* 2. Aufl., Frankfurt am Main: Suhrkamp, 1994, S. 140, 138 ff. Versão espanhola: *Teoría de los derechos fundamentales.* Madrid: Centro de estudios constitucionales, 1997, página 154, 152 e seguintes. Tradução: Ernesto Garzón Valdés) e, outra vez, em Alexy, sob o título "o intuicionismo", onde, entre outras coisas, é trabalhada a obra "Der Formalismus in der Ethik und die materiele Wertethik", de Max Scheler (Alexy, R. (nota 12), S. 58 ff.; página 55 e seguinte), que Schmitt toma como fundamento (mesmo autor e obra, S. 44 ff.). Ver também infra, nota 21.

Por outro lado, a respeito da questão dos valores no âmbito jurídico-constitucional para a época de Weimar, ver Alexy, Robert. *Theorie der Grundrechte.* 2. Aufl., Frankfurt am Main: Suhrkamp, 1994, S. 134 f. Versão espanhola: *Teoría de los derechos fundamentales.* Madrid: Centro de estudios constitucionales, 1997, página 147 e seguinte. Tradução: Ernesto Garzón Valdés. Para o tempo da lei fundamental, ver Hesse, K. (nota 6), página 27, número de margem 3, página 55, número de margem 52.

[15] Kelsen situa no plano da constituição, lei e regulamento as normas do direito gerais e no plano da sentença judicial e do ato administrativo a norma jurídica individual. Ver, para isso, Kelsen, H. (nota 11), S. 32; página 125 e seguinte; Kelsen, Hans. *Reine Rechtslehre.* 2. Aufl., Wien: Franz Deuticke, 1983, S. 242. Versão portuguesa: *Teoria pura do direito.* 6 ed. São Paulo: Martins Fontes, 1998, página 263. Tradução: João Baptista Machado.

[16] Kelsen (nota 3), S. 586; página 251. Em um outro ponto isso é esclarecido. Assim, ao a constituição determinar, no essencial, de que modo uma lei realiza-se, significa a dação de lei perante essa constituição, aplicação do direito. Em relação com o regulamento, porém, e os outros atos que estão sob a lei: criação do direito. E assim, regulamento é aplicação do direito perante a lei e criação do direito perante a sentença judicial e ato administrativo aplicadores desse regulamento. Isso, outra vez, aplicação do direito para cima, para baixo, porém, em relação com o tipo a ser executado com eles: criação do direito. O caminho que o direito percorre da constituição até o tipo da execução é um tal de contínua concretização (Kelsen, H. (nota 11), S. 32; página 125 e seguinte). (...) Cada grau do ordenamento jurídico apresenta não só perante o inferior

dentro de determinados limites, ponderar reciprocamente interesses contrários e decidir conflitos em favor de um ou

---

uma produção, mas também – perante o superior – uma reprodução de direito. À medida que é aplicação do direito, reprodução do direito, é a ele aplicável a idéia da juridicidade (Kelsen, H. nota 11, S. 32; página 126). Comparar com isso também Kelsen, H. (nota 15), S. 239 ff. ; página 260 e seguintes.

O ponto de vista da hermenêutica também aqui é instrutivo: "A tarefa da interpretação é a da *concretização da lei* no caso respectivo, portanto, a tarefa da *aplicação*. A prestação produtiva do complemento do direito, que ocorre com isso, é certamente reservada ao juiz que, porém, rigorosamente está sob a lei como cada outra parte da comunidade jurídica. Na idéia de uma ordem jurídica reside que a sentença do juiz não resulta de um arbítrio imprevisível, mas da ponderação justa do todo. A tal ponderação justa está em condições cada um, que se aprofundou na plena concreção da situação fática. Por isso mesmo, em um estado de direito existe certeza jurídica. Pode-se, segundo a idéia, saber onde se está. Cada advogado e assessor tem a possibilidade fundamental de assessorar corretamente, isto é, predizer corretamente a decisão judicial em virtude das leis existentes. A tarefa da concretização não consiste, certamente, em um mero conhecimento dos parágrafos. Deve-se, naturalmente, também conhecer a jurisprudência, se se quer apreciar juridicamente o caso dado, e todos os elementos que determinam a mesma. Mas nenhuma outra pertença à lei é aqui exigida que precisamente esta, que o ordenamento jurídico é reconhecido como válido para cada um, que, portanto, não existe ninguém excetuado dela. É, por isso, fundamentalmente, sempre possível compreender o ordenamento jurídico como tal e isso significa assimilar dogmaticamente cada complemento do direito ocorrido. Entre hermenêutica jurídica e dogmática jurídica existe, portanto, uma relação de essência, na qual a hermenêutica tem a primazia. A idéia de uma dogmática jurídica perfeita pela qual cada sentença tornar-se-ia um mero ato de subsunção é insustentável" (Gadamer, H.-G. (nota 1), S. 335, em itálico no original; página 432 e seguinte; para a concretização no plano do direito constitucional, ver Hesse, K. (nota 6), página 61 e seguintes, número de margem 60 e seguintes). Em continuidade: "A hermenêutica no âmbito da filologia e das ciências do espírito, no fundo, não é >saber de domínio<, isto é, apropriação como tomada de posse, mas se sotopõe a si própria à pretensão dominante do texto. Para isso, porém, a hermenêutica jurídica e a teológica é o modelo verdadeiro. Ser interpretação da vontade legal, interpretação da promessa divina, isso notoriamente não são formas de domínio, mas de serviço. *No serviço daquilo que deve valer, elas são interpretações que incluem aplicação*" (Gadamer, H.-G. (nota 1), S. 316, realçado por L. A. H.; página 411).

de outro, ele lhe transfere um poder de criação do direito e, com isso, um poder que dá à função judicial o mesmo caráter "político" que a dação de leis – embora em medida maior – tem. Entre o caráter político da dação de leis e a da justiça existe somente uma diferença quantitativa, não qualitativa.[17] Kelsen faz uma distinção com base no plano do direito internacional público, ou seja, "não-arbitrável" ou político é um conflito não porque ele não é um conflito jurídico segundo a sua natureza e, por isso, não pode ser decidido por um "tribunal", mas porque um partido ou ambos não o querem, por quaisquer fundamentos, deixar decidir por uma instância objetiva.[18] Schmitt leva esse conceito para dentro do âmbito do estado e afirma que matéria não-arbitrável equivale à não-justiciável.[19] Assim, segundo Schmitt, não-justiciáveis são questões "políticas". O que se pode dizer de uma consideração orientada teoricamente, porém, é somente isto, que a função de um tribunal constitucional tem caráter político em uma medida muito mais ampla que a função de outros tribunais – e nunca aqueles que entram para a instalação de um tribunal constitucional ignoraram ou negaram o significado eminentemente político que cabem às sentenças de um tribunal constitucional –; mas não, que, por isso, ele não é um "tribunal", sua função não é "justiça"; e o menos possível, que essa função não deveria ser transferida a um órgão dotado com independência judicial. Isso quereria dizer justamente deduzir de algum conceito, por exemplo, o de "justiça", exigências para a formação da organização estatal.[20]

Para não deixar valer a jurisdição constitucional como "justiça", para poder caracterizá-la como "dação de leis",

[17] Kelsen, H. (nota 3), S. 586, pontuação no original; página 251. Ver também supra, nota 12.

[18] Kelsen, H. (nota 3), S. 587; página 252.

[19] Ver Kelsen, H. (nota 3), S. 587, com indicação da passagem em Schmitt; página 252.

[20] Kelsen, H. (nota 3), S. 587, pontuação no original; página 252 e seguinte.

Schmitt persevera em uma idéia da relação entre ambas essas funções, da qual até agora se acreditava poder supor que ela de há muito está acabada. É a idéia que a decisão judicial já está contida pronta na lei, somente é "deduzida" dela no caminho de uma operação lógica: a justiça como autômato jurídico![21] Também essa doutrina procede do

---

[21] Kelsen, H. (nota 3), S. 591 f., pontuação no original; página 257 e seguinte. Pode entender-se Rechtsautomat (autônomo jurídico) também como distribuidor automático de direito. Sejam lembradas aqui duas passagens de Kelsen concernentes à interpretação.

1. "Se se entende sob "interpretação" a comprovação conforme o conhecimento do sentido do objeto a ser interpretado, então o resultado de uma interpretação do direito pode ser somente a comprovação do quadro, que o direito a ser interpretado apresenta e, com isso, o conhecimento de várias possibilidades, que estão dadas no interior desse quadro. Então a interpretação de uma lei não precisa, necessariamente, levar a uma única resposta como a somente correta, mas, possivelmente, a várias, que todas - à medida que elas são medidas somente na lei a ser aplicada - são do mesmo valor, embora somente uma delas torne-se direito positivo no ato do órgão aplicador do direito, particularmente do tribunal. Que uma sentença judicial está fundamentada na lei significa, em verdade, nada mais que ela mantém-se no interior do quadro que a lei apresenta, não significa que ela é *a*, mas somente *uma* das normas individuais, que podem ser criadas no interior do quadro da norma geral.

A ciência do direito tradicional acredita, contudo, poder esperar da interpretação não só a comprovação do quadro do ato jurídico a ser fixado, mas também, ainda, o cumprimento de uma outra tarefa; e ela é propensa a ver nisso até a tarefa principal. A interpretação deve desenvolver um método que possibilita cumprir corretamente o quadro comprovado. A teoria da interpretação habitual quer fazer crer que a lei, aplicada ao caso concreto, pode proporcionar sempre somente *uma* decisão correta e que a "correção" jurídico-positiva dessa decisão está fundamentada na própria lei. Ela apresenta o processo de interpretação de modo que como se nisso somente se tratasse de um ato intelectual do esclarecer ou entender, como se o órgão aplicador do direito somente tivesse de pôr em movimento a sua inteligência, não, porém, sua vontade e como se por uma atividade intelectual pura sob as possibilidades existentes pudesse ser feita uma escolha correspondente ao direito positivo, correta no sentido do direito positivo" (Kelsen, H. (nota 15), S. 349, pontuação no original; página 390 e seguinte; mesmo autor, Zur Theorie der Interpretation, in: *Die Wiener Rechtstheoretische Schule*. Wien: Europa Verlag, 1968, S. 1366).

2. Mais adiante, diz Kelsen: "À medida que na aplicação da lei pode nascer mais além da nisso necessária comprovação do quadro, no interior do qual se deve manter o ato a ser fixado, ainda uma atividade de conhecimento do órgão aplicador do direito, não é um conhecimento do direito positivo, mas de outras normas que, aqui, no processo de criação do direito, podem desembocar; normas da moral, da justiça, sentenças de valor sociais, que se costuma designar com os tópicos bem-estar do povo, interesse do estado, progresso, e assim por diante. Sobre sua validez e comprovabilidade nada se deixa dizer do ponto de vista do direito positivo. Visto daqui, todas essas determinações deixam caracterizar-se só negativamente: são determinações que não partem do próprio direito positivo. Em relação a este, a fixação do ato jurídico no interior do quadro da norma jurídica a ser aplicada é livre, isto é, no poder discricionário livre do órgão chamado à fixação do ato; a não ser que o próprio direito positivo delegue normas metajurídicas quaisquer como moral, justiça, e assim por diante. Mas por meio disso, seriam elas transformadas em normas jurídico-positivas" (Kelsen, H. (nota 15), S. 351; página 393 e seguinte; mesmo autor e obra, S. 1368 f.).

Aqui, várias questões estão abordadas. Eu irei ocupar-me apenas com três. A primeira diz respeito a resposta unicamente correta, quer dizer, em questões práticas sempre existe rigorosamente uma reposta correta. Essa tese é sustentada, no âmbito da teoria da argumentação jurídica, por Ronald Dworkin e impugnada por Robert Alexy. Ver sobre isso Alexy, Robert. *Recht, Vernunft, Diskurs.* Frankfurt am Main: Suhrkamp, 1995, S. 101, com indicação bibliográfica na nota 18, e Alexy, Robert. Direito constitucional e direito ordinário. Jurisdição constitucional e jurisdição especializada, in: Robert Alexy. *Constitucionalismo discursivo.* Porto Alegre: Livraria do Advogado Editora, 2007, página 87 e seguintes. Tradução: Luís Afonso Heck.

A segunda, ao método. Deve ser lembrado: que na teoria hermenêutica do romantismo o entender era pensado como reprodução de uma produção original (Gadamer, H.-G. (nota 1), S. 301; página 391); que a etapa temporal não é ... algo que deve ser vencido. Isso era, pelo contrário, a ingênua suposição do historismo, que se pode transferir para o espírito da época, que se deve pensar em seus conceitos e idéias e não em seus próprios e, desse modo, adiantar-se para a objetividade histórica. Em verdade, trata-se de reconhecer o intervalo do tempo como uma possibilidade positiva e produtiva do entender (Gadamer, H.-G. (nota 1), S. 302; página 393); que ainda Savigny, no ano de 1840, no "System des römischen Rechts" considerou a tarefa da hermenêutica jurídica puramente como uma histórica (Gadamer, H.-G. (nota 1), S. 332, pontuação no original; página 428 e seguinte). Ver, em conexão com isso, ainda, objeções à escola histórica em Heck, L. A. (nota 8), página 35 e seguinte. Sobre as estoque da ideologia da monarquia constitucional.[22] A seguir, Kelsen refere-se a algumas passagens do escrito de Schmitt e comprova que é sempre de novo a conclusão de um conceito jurídico pressuposto para uma configuração do direito desejada, a típica mistura de teoria do direito com política do direito.[23] Também as expressões "normativismo abstrato" e "formalismos" aparecem.[24]

regras de interpretação tradicionais e da possibilidade limitada de seu emprego no âmbito da interpretação constitucional, ver Hesse, K. (nota 6), página 56 e seguintes, número de margem 53 e seguintes.

A terceira, por fim, diz respeito aos tópicos. Aqui é indicado dar uma olhada na obra de Gadamer, H.-G. (nota 1), S. 317 ff.; página 411 e seguintes) onde é tratada a atualidade hermenêutica de Aristóteles. Ver também infra, nota 34.

22 Kelsen, H. (nota 3), S. 592; página 258.

23 Kelsen, H. (nota 3), S. 593; página 260. Ver também infra, nota 26.

24 Kelsen, H. (nota 3), S. 594 (as aspas são de L. A. H.); página 261. O fundo dessas expressões pode, certamente, ser apreciado com algumas tomadas de posição de Carl Schmitt em outro escrito seu, intitulado *Über die drei Arten des rechtswissenschaftlichen Denkens*. 2. Aufl., Berlin: Dunckler und Humblot, 1993. Assim, S. 19: "Cada ordem, também a "ordem jurídica" está vinculada aos conceitos de normal concretos, que não são derivados de normas gerais, mas sacam de sua própria ordem e para a sua própria ordem tais normas." S. 21: "O último fundamento jurídico de todas as validades e valores jurídicos pode encontrar-se juridicamente em um processo da vontade, em uma decisão, que como decisão, no fundo, primeiro cria "direito" e cuja "coisa julgada" não pode ser derivada de regras-decisão" (pontuação no original, a cada vez). S. 34: "O *direito natural tomista-aristotélico* é uma unidade de ordem viva, estruturada em graus de essência e ser, em superposição e sotoposição, classificações e separações" (em itálico no original). S. 34: "O decisionismo da teoria do estado e do direito de *Hobbes* é a expressão científico-jurídica mais conseqüente e, por isso, também histórico-juridicamente mais rica em conseqüências do novo pensamento de soberania" (em itálico no original). Com respeito à filosofia do direito e do estado de Hegel é afirmado, S. 38: "Nela o pensamento da ordem concreta torna-se mais uma vez vivo com uma força imediata, como mal ainda se poderia esperar depois do desenvolvimento teórico-estatal e teórico-jurídico do século 17 e 18, antes do fracasso das gerações seguintes." E S. 39: "O estado de Hegel, ao contrário, não é a tranqüilidade burguesa, certeza e ordem de um funcionalismo legal calculável e coercível. Ele nem é mera decisão soberana, nem uma "norma das normas", nem uma

combinação alternante, variável entre estado de exceção e legalidade, de ambas essas idéias de estado. Ele é a ordem concreta das ordens, a instituição das instituições" (pontuação no original).

Do ponto de vista da hermenêutica deixa, aqui, dizer-se:

"Nós vivemos, como me parece, em uma sobreexcitação perpétua de nossa consciência histórica. É uma conseqüência dessa sobreexcitação e, como eu pretendo mostrar, um curto-circuito malicioso, quando em vista de tal sobreestimação da mudança histórica, se se quisesse apoiar nas ordens eternas da natureza e chamar a naturalidade das pessoas para a legitimação da idéia do direito natural" (Gadamer, H.-G. (nota 1), S. 4; página 32). "Que história do efeito nunca se torna consciente consumadamente é, do mesmo modo, uma afirmação híbrida como a pretensão de Hegel de saber absoluto, no qual a história chegou à autotransparência consumada e, por isso, elevada ao ponto de vista do conceito. Pelo contrário, a consciência histórico-efetual é um elemento da própria efetivação, e nós veremos, como ele já no *obter da pergunta certa* é eficaz" (Gadamer, H.-G. (nota 1), S. 306; página 398). "Nós poderemos entender a partir disso porque a aplicação, que Hegel faz na história, ao ele vê-la entendida na autoconsciência absoluta da filosofia, não satisfaz à consciência hermenêutica. A essência da experiência é, aqui, de antemão, pensada daquilo em que experiência está excedida. Experiência mesma nunca pode ser ciência. Ela está em uma oposição não-anulável para com o saber e para com aquela instrução que provém do saber geral teórico ou técnico" (Gadamer, H.-G. (nota 1), S. 361; página 464 e seguinte). "A dialética de Hegel é um monólogo do pensar que, antes, pretende prestar o que, em cada conversa autêntica, sucessivamente amadurece" (Gadamer, H.-G. (nota 1), S. 375; página 482).

Seja, nessa conexão, ainda remetido a Karl R. Popper. *Die offene Gesellschaft und ihre Feinde*. Bd. 2. Falsche Propheten: Hegel, Marx und die Folgen. 7. Aufl., Tübingen, Mohr, 1992, S. 35 ff., capítulo 12, que tem o seguinte título: Hegel e o novo mito da horda. Tradução: Paul K. Feyerabend. Título original: The Open Society and Ist Enemies. Versão portuguesa: *A sociedade aberta e seus inimigos*, v. 2, Belo Horizonte: Editora Itatiaia, 1974, página 33 e seguintes. Tradução: Milton Amado. Em união com isso deve, aqui, também, ser lembrado: "A proposição tristemente célebre: 'O partido (ou o condutor) sempre tem razão' não é falsa porque ela utiliza a preponderância da condução, mas porque ela serve para isto, proteger a condução por decisão de poder contra toda crítica que poderia ser verdadeira. Autoridade verdadeira não se precisa apresentar autoritariamente" (Gadamer, H.-G. (nota 1), S. 284, Fußnote 206; página 371, nota 207).

Deve, finalmente, nessa conexão, ainda, ser acentuado: "Como se não "hoje" na Alemanha a questão sobre a constitucionalidade da função, apoiada no ar-

Uma passagem de Kelsen, anterior à sua análise de pontos que aqui podem ser deixados de lado,[25] deve, ainda, ser colocada: "A impossibilidade teórica desse método, sua contradição interna também então se torna manifesta, uma vez que C. S., na conclusão de seu escrito, empreende deduzir de suas premissas teórico-políticas o resultado político-jurídico desejado. Diz aí: 'Antes de, portanto, para questões e conflitos altamente políticos, empregar-se um tribunal como guarda da constituição e agravar e pôr em perigo a justiça por tal politização' (S. 158), deveria recordar-se do conteúdo positivo da constituição de Weimar que, como acredita C. S., emprega o presidente do império para o guarda da constituição. Isso quer dizer, nem mais e nem menos: para questões e conflitos altamente políticos não se deve empregar um tribunal como guarda da constituição porque por tal atividade de um tribunal a justi-

tigo 48, do "governo", composto de presidente e ministros, fosse uma questão decisiva da constituição de Weimar" (Kelsen, H. (nota 3), S. 583, pontuação no original; página 247). Dizia o artigo 48, da constituição do império de Weimar:

"(1) se um estado não cumpre os deveres que cabem a ele segundo a constituição do império ou as leis imperiais, pode o presidente imperial exortá-lo a isso com auxílio do poder armado;

(2) o presidente imperial pode, quando no império alemão a segurança e ordem pública é perturbada ou posta em perigo consideravelmente, tomar as medidas necessárias para o restabelecimento da segurança e ordem pública, em caso necessário, intervir com o auxílio do poder armado. Para essa finalidade ele pode, temporariamente, deixar sem vigência, completamente ou em parte, os direitos fundamentais fixados nos artigos 114, 115, 117, 118, 123, 124 e 153;

(3) de todas as medidas tomadas segundo a alínea 1 ou 2 deste artigo o presidente imperial tem de, sem demora, dar conhecimento ao parlamento imperial. Essas medidas devem, a pedido do parlamento imperial, ser deixadas sem vigência;

(4) em perigo na mora pode o governo estadual, para a sua área, tomar medidas cautelares do tipo designado na alínea 2. Essas medidas devem, a pedido do presidente imperial ou do parlamento imperial, ser deixadas sem vigência;

(5) Os detalhes determina uma lei imperial."

[25] Kelsen, H. (nota 3). S. 596 ff.; página 263 e seguintes.

ça é politizada, a justiça é agravada e posta em perigo. A justiça? Como poderia justamente a justiça ser agravada e posta em perigo por jurisdição constitucional, se jurisdição constitucional – como C. S. esforçou-se ardentemente em provar – absolutamente nenhuma "justiça" é?"[26]

No final de seu escrito Kelsen declara que, pela crítica ao trabalho de Schmitt, deve ser mostrado um exemplo particularmente instrutivo e, para o estado atual da doutrina do estado e do direito do estado, extremamente sintomático de como é justificada a exigência por separação rigorosíssima de conhecimento científico e sentenças de valor político. A hoje tão amada, em princípio, mistura de ciência e política é o método típico da formação ideológica moderna.[27]

[26] Kelsen, H. (nota 3), S. 595; página 261 e seguinte. Kelsen admite que a questão sobre os limites da justiça em geral, sobretudo, da justiça constitucional em particular, é, sem mais, legítima. Mas que, nessa conexão, ela não pode ser colocada como questão sobre o conceito de justiça, mas sobre a configuração, mais conforme a finalidade, de sua função. Ambas as questões devem ser claramente distinguidas. Ver Kelsen, H. (nota 3), S. 595; página 262.

[27] Ver Kelsen, H. (nota 3), S. 627; página 298. Semelhante, contudo, já antes: dotar fatos há muito conhecidos com nomes novos é hoje um método muito em voga e amplamente propagado da literatura política (Kelsen, H. (nota 3), S. 603; página 268). Nessa conexão, são dignas de nota duas colocações feitas por Mirkine – Guetzévitch, em sua obra intitulada *As novas tendências do direito constitucional*. São Paulo: Companhia editora nacional, 1933. Tradução: Candido Motta Filho. Título original: Les nouvelles tendances du droit constitutionnel. A primeira está na página 71: "O processo de racionalização do poder aparece ainda, se examinarmos tambem outra instituição do novo direito constitucional, A JURISDIÇÃO CONSTITUCIONAL" (pontuação e maiúsculo no original). E cita, como exemplo, na página 73, a Áustria e a Tchecoeslováquia. Na mesma página o autor cita o artigo 140, da constituição austríaca.

A segunda está na página 39: "Na elaboração das constituições novas, a ciencia juridica teve um grande papel. Se bem que os textos fossem o resultado de diversos compromissos politicos, de acordos entre partidos, etc., o papel da "tecnica juridica" não foi menos importante. Os teóricos do direito exerceram sua influencia. Em muitos países eles se esforçaram em redigir textos onde as doutrinas as mais modernas entrassem em aplicação. Na Alemanha, por exemplo, a Constituição deve muito a H. Preuss; na Austria, ao notavel teórico do direito publico Hans Kelsen, etc. (...). Assistimos ao processo da *racionali-*

*zação do poder*, a tendencia de submeter ao direito TODO o conjunto da vida coletiva" (pontuação e maiúsculo no original).

Em união com o dito acima, na colocação da questão, deve aqui, ainda, ser apresentada a opinião de Carl Schmitt: "Hoje muitos juristas sentem, às avessas, a dissolução da tais figuras de ordens concretas em uma soma ou em um sistema de normas como irreal e fantástico. Nós entendemos uma questão científico-jurídica importante melhor e solucionamos uma tarefa jurídica mais corretamente, quando nós destacamos uma forma concreta, como o "*guarda da constituição*", que normativisticamente, no fundo, não pode existir, porque, segundo isso, todos os "órgãos" competentes são proporcionadamente "guarda da constituição"; ou o "*condutor do movimento*", que um modo de pensar normativístico precisa transformar em "órgão estatal" competente para, com isso, incorporá-lo no sistema de legalidade estatal-jurídico, do mesmo modo como, no século 19, o monarca, rebaixado para "órgão do estado"; ou quando nós colocamos o problema das *incompatibilidades*, isto é, com vista a uma figura concreta determinada da vida pública colocamos a questão, quais funções e tarefas nela são compatíveis ou incompatíveis, uma questão, que somente em ordens concretas, não, porém, puramente normativisticamente pode ser colocada, uma vez que normativisticamente não se trata de figuras de ordens concretas, mas meramente de "pontos de imputação", nos quais, naturalmente, tudo com tudo é compatível e incompatibilidades "internas" nunca podem ser compreensíveis" (Schmitt, C. (nota 24), S. 18 f., pontuação no original). Segue, aqui, por fim, o artigo 140, da constituição austríaca.

"Art. 140 [exame da lei]

(1) O tribunal constitucional julga sobre anticonstitucionalidade de uma lei federal ou estadual, por solicitação do tribunal administrativo, do tribunal supremo, de um tribunal chamado à decisão em segunda instância, de um tribunal administrativo independente ou da secretaria de adjudicação federal, contanto que, porém, o tribunal constitucional tivesse de aplicar uma tal lei em um assunto judicial pendente, de ofício. Ele julga sobre anticonstitucionalidade de leis estaduais, também por solicitação do governo federal e sobre anticonstitucionalidade de leis federais, também por solicitação de um governo estadual, de um terço dos membros do conselho nacional ou de um terço dos membros do conselho federal. Por lei constitucional federal pode ser determinado que um tal direito de solicitar, com respeito à anticonstitucionalidade de leis estaduais, também compete a um terço dos membros do parlamento estadual. O tribunal constitucional julga, ademais, sobre anticonstitucionalidade de leis, por solicitação de uma pessoa, que afirma estar violada imediatamente por essa anticonstitucionalidade em seus direitos, à medida que a lei entrou em

vigor para essa pessoa sem pronunciamento de uma decisão judicial ou sem expedição de uma notificação; para tais solicitações, o artigo 89, alínea 3, vale conforme o sentido.

(2) Se em um assunto judicial pendente no tribunal constitucional, no qual o tribunal constitucional deve aplicar uma lei, a parte é satisfeita da demanda, então, contudo, deve ser continuado um procedimento, já aberto, para o exame da conformidade à constituição da lei.

(3) O tribunal constitucional deve anular uma lei como anticonstitucional somente à medida que sua anulação foi solicitada expressamente ou que o tribunal constitucional tivesse de aplicar a lei no assunto judicial nele pendente. Se o tribunal constitucional, contudo, chega à concepção que toda a lei foi expedida por um órgão de dação de leis, não-chamado segundo a repartição de competências, ou foi publicada de modo anticonstitucional, então ele deve anular toda a lei como anticonstitucional. Isso não vale se a anulação de toda a lei manifestamente é contrária aos interesses jurídicos da parte, que apresentou uma solicitação segundo a última proposição da alínea 1 ou cujo assunto judicial deu lugar à abertura de um procedimento de exame de lei, de ofício.

(4) Se a lei já ficou sem vigor na data do pronunciamento da decisão do tribunal constitucional e se o procedimento foi aberto de ofício ou a solicitação apresentada por um tribunal, por um tribunal administrativo independente, pela secretaria de adjudicação federal ou por uma pessoa, que afirma estar violada imediatamente pela anticonstitucionalidade da lei em seus direitos, então o tribunal constitucional deve declarar se a lei era anticonstitucional. A alínea 3 vale conforme o sentido.

(5) A decisão do tribunal constitucional, com a qual uma lei é anulada como anticonstitucional, obriga o chanceler federal ou o governador competente à publicação sem demora da anulação. Isso vale conforme o sentido para o caso de uma declaração segundo a alínea 4. A anulação entra em vigor com o expirar do dia da publicação se o tribunal constitucional não determina um prazo para o ficar sem vigor. Esse prazo não deve exceder 18 meses.

(6) Se uma lei é anulada como anticonstitucional por uma decisão do tribunal constitucional, então entram novamente em vigor, com o dia da entrada em vigor da anulação, caso a decisão não declare outra coisa, as determinações legais que haviam sido anuladas pela lei julgada anticonstitucional pelo tribunal constitucional. Na publicação sobre a anulação da lei também deve ser publicado se e quais determinações legais novamente entram em vigor.

(7) Se uma lei foi anulada por anticonstitucionalidade ou se o tribunal constitucional declarou, segundo a alínea 4, que uma lei era anticonstitucional, então todos os tribunais e autoridades administrativas estão vinculados à decisão

do tribunal constitucional. A todos os tipos realizados antes da anulação, com exceção do caso motivador, a lei, contudo, deve ser aplicada mais além, a não ser que o tribunal constitucional declare outra coisa em sua decisão anuladora. Se o tribunal constitucional em sua decisão anuladora fixou um prazo segundo a alínea 5, então a lei deve ser aplicada a todos os tipos realizados até o decurso desse prazo, com exceção do caso motivador."

Deve ser aqui observado que a constituição austríaca em vigor foi publicada em 1930 (BGBl. Nr. 1). O artigo 140 foi modificado em 1975 e a alínea 5 foi modificada em 1992. O texto restante da constituição austríaca, que concerne à jurisdição constitucional, está em: Heck, Luís Afonso. *Jurisdição constitucional e legislação pertinente no direito comparado*. Porto Alegre: Livraria do Advogado Editora, 2006, página 119 e seguintes. Mais além, é de notar-se aqui:

1. que a alínea 6 tem correspondência com o artigo 11, § 2, da lei número 9.868, de 10.11.1999;

2. que a alínea 4 cobre-se com a doutrina de Kelsen: "Na formulação da sentença judicial-constitucional irá fazer uma diferença, se ela diz respeito a um ato jurídico – especialmente a uma norma geral – que no instante da sentença ainda está em plena validez – isso é o caso normal – ou se essa norma nessa data já está anulada, mas ainda deve ser aplicada a tipos mais antigos. A sentença do tribunal deve aqui – como já anteriormente mencionado – anular somente ainda um resto de validez; não menos ela tem caráter cassatório-constitutivo. Todavia, pode a fórmula, nesse caso, dizer: em vez de 'a lei será anulada': 'a lei era anticonstitucional'; o efeito da sentença: que, com isso, a aplicação da lei declarada anticonstitucional também aos tipos mais antigos seja excluída" (Kelsen, H. (nota 11), S. 73, pontuação no original; página 173);

3. que a expressão "caso motivador" da alínea 7, também pode ser reconduzida à idéia de Kelsen: "Se o tribunal constitucional anula a norma impugnada, então – e somente então – a autoridade impugnadora não mais deve aplicar essa norma ao caso concreto, que deu lugar à impugnação, decidir esse caso de modo como se a norma anulada – em geral somente pro futuro – já para esse caso, realmente nascido ainda sob sua validez, não mais tivesse valido. Tal retroatividade da cassação é tecnicamente necessária porque, ao contrário, as autoridades aplicadoras do direito não teriam *interesse* imediato e, por isso, talvez não suficientemente forte, para pôr em movimento o tribunal constitucional" (Kelsen, H. (nota 11), S. 74, realçado por L. A. H.; página 174 e seguinte; ver também S. 77 f.; página 177 e seguinte). Em um outro trabalho manifesta-se Kelsen: "A regra que a decisão do tribunal constitucional com a qual a lei foi anulada não tem força retroativa tem, contudo, uma exceção. A lei anulada com a decisão do tribunal não mais pode ser aplicada ao caso que

deu ocasião à revisão judicial e à anulação da lei. Como o caso ocorreu antes da anulação, a última foi, com respeito a esse caso, eficaz retroativamente" (Judicial Review of Legislation: A Comparative Study of the Austrian and the American Constitution, in: *The Journal of Politics*, Vol. 4, nº 2 (May, 1942), p. 187. Versão portuguesa: O controle judicial da constitucionalidade (Um estudo comparado das Constituições austríaca e americana, in: Kelsen, Hans. *Jurisdição constitucional.* São Paulo: Martins Fontes, 2003, p. 305). Nessa conexão, o supremo tribunal federal parece ter entendido justamente o contrário na RTJ 193, 3, 874: "Em outras palavras, o tribunal poderia declarar a inconstitucionalidade, incidentalmente, com eficácia restrita, o que daria ensejo à aplicação da norma inconstitucional no caso concreto."

Se se leva em consideração, por um lado, o significado do interesse mencionado nessa conexão, a formulação do § 76, da lei do tribunal constitucional federal (impressa em Heck; L. A., mesma obra, página 67 e seguintes), que trata da solicitação do controle abstrato de normas, e, por outro, o elenco dos que podem propor: a ação direta de inconstitucionalidade (artigo 2, da lei número 9.868, de 10.11.1999), que são os mesmos para propor a argüição de descumprimento de preceito fundamental (artigo 2, da lei número 9.882, de 3.12.1999), e a ação declaratória de constitucionalidade (artigo 13, da mesma lei), então se torna duvidoso jurídico-constitucionalmente, sobretudo, sob o ponto de vista da posição jurídica dos autorizados à proposição na estrutura estatal, nessa relação, o mero aumento do número deles com a CF de 1988.

Mais além, Häberle manifesta-se em relação ao controle abstrato de normas de modo muito reservado: "O controle normativo abstrato significa uma competência particularmente ampla do tribunal constitucional federal (...). Conferir a ele "caráter modelo" é, a meu ver, mal recomendável. Ele é, em outros novos estados constitucionais, certamente, antes, assumido mais raramente. Também na Alemanha, de vez em quando, é refletido sobre o seu sentido. Ele estende particularmente muito para dentro do processo político. Depende, certamente, cada vez, das particularidades do estado constitucional particular, se ele quer se dar uma tal competência muito "política" de seu tribunal constitucional. Para a Alemanha, como "estado da via jurídica" típico ele, certamente, confirmou-se. (...) Uma democracia jovem deveria, entretanto, lidar muito cuidadosamente com a concessão de "competências abstratas" de seu tribunal constitucional (independente). Ele poderia pôr em perigo a autoridade, a ser primeiro aprofundada, do tribunal constitucional" (Häberle, Peter. Das Bundesverfassungsgericht als Muster einer selbständigen Verfassungsgerichtsbarkeit, in: Badura, Peter und Dreier, Horst (herausgegeben). *Festschrift 50 Jahre Bundesverfassungsgericht.* Erster Band, Tübingen: Mohr, 2001, S. 328, pontuação no original).

Essa apresentação permite, agora, por um lado, poder afirmar que o texto e a jurisprudência constitucional falam em favor da concepção kelseniana de guardar a constituição e, por outro, a passagem conveniente para as outras duas partes da palestra.

---

Rui Barbosa, que utilizava a terminologia "ação direta e principal" (*A constituição e os actos inconstitucionaes do congresso e do executivo ante a justiça federal*. 2. ed., Rio de Janeiro: Atlantida editora s.d., página 104, ver também páginas 118 e 236 - o texto foi escrito em 1893; isso pode ser comprovado na página 9 e 259), também chamou a atenção para o seu caráter político (mesma obra, página 132) (realçado por L. A. H.). Para a terminologia, ver Heck, Luís Afonso. O controle normativo no direito constitucional brasileiro, in: *Revista dos Tribunais*, volume 800, junho de 2002, página 58, nota 1.

## III. A nulificabilidade

Em 1999 foram publicadas duas leis. A lei número 9.868, de 10.11.1999, e a lei número 9.882, de 3.12.1999. A primeira trata do processo e julgamento da ação direta de inconstitucionalidade e da ação declaratória de constitucionalidade. A segunda, da arguição de descumprimento de preceito fundamental. A primeira questão que deve interessar aqui, a questão da nulificabilidade, está situada no artigo 11, § 1, e artigo 27, da lei número 9.868, e no artigo 11, da lei número 9.882. Assim, diz o artigo 11, § 1, da lei número 9.868: "A medida cautelar, ... será concedida com efeito ex nunc, salvo se o tribunal entender que deva conceder-lhe eficácia retroativa." E o artigo 27 da mesma lei: "... ou decidir que ela só tenha eficácia a partir de seu trânsito em julgado ou de outro momento que venha a ser fixado." A formulação do artigo 11, da lei número 9.882, é igual a do artigo 27, agora citado. Diante disso, pode perguntar-se se as declarações contidas nesses artigos não parecem remeter a sua compreensão conveniente ao âmbito da nulificabilidade. Antes de, porém, abordá-la, é útil demonstrar a tomada de posição de Kelsen a respeito da jurisdição constitucional.

## 1. Jurisdição constitucional

Segundo Kelsen, jurisdição estatal é jurisdição constitucional[28] e, como tal, uma garantia judicial da constituição. Ela é uma parte no sistema de medidas técnico-jurídicas que tem a finalidade de garantir a juridicidade das funções estatais, porque as próprias funções estatais têm caráter jurídico, elas apresentam-se como atos jurídicos.[29] Garantia da constituição significa, com isso, garantia para a juridicidade dos graus jurídicos que estão imediatamente sob a constituição.[30] E a situação jurídica, na qual se pode falar que a constituição é garantida, existe somente quando está dada a possibilidade de nulificar o ato anticonstitucional,[31] quando o ato posto para exame, no caso de ele ser considerado antijurídico, é nulificado imediatamente pela sentença do tribunal constitucional.[32] No âmbito dessas garantias Kelsen trabalha, entre outras, duas que aqui devem interessar. A nulidade e a nulificabilidade.[33]

---

[28] Sobre o uso dessa palavra, ver Heck, L. A. (nota 8), página 25.

[29] Ver Kelsen, H. (nota 11), S. 30; página 123 e seguinte.

[30] Ver Kelsen, H. (nota 11), S. 32 f.; página 126.

[31] Ver Kelsen, H. (nota 11), S. 52; página 149.

[32] Kelsen, H. (nota 11), S. 70; página 170. Nessa página Kelsen afirma que a sentença do tribunal constitucional que nulifica o ato antijurídico deve ter caráter cassatório, também quando diz respeito a normas gerais, e esse é exatamente o caso principal. Nessa proposição de Kelsen está o núcleo dessa palestra. Sua tarefa é trabalhar clareza sobre ela e, com isso, obter outros conhecimentos que auxiliam na compreensão do controle normativo brasileiro. Ver também infra, nota 43.

[33] Eu mantenho-me, no que segue, na exposição de Kelsen (nota 11), S. 44 ff.; página 140 e seguintes). Aqui são necessárias as considerações seguintes:

1. a palavra nulificabilidade, que eu já emprego há muito tempo em sala de aula e em orientações acadêmicas, representa a palavra Vernichtbarkeit (verbo: vernichten=nulificar; substantivo: Vernichtung=nulificação; adjetivo: vernichtbar=nulificável), que Kelsen utiliza; de notar que o substantivo aparece uma vez em Rui (Barbosa, R. (nota 27), página 128;

2. a palavra nulo representa a palavra nichtig (substantivo: Nichtigkeit=nulidade);

3. a tradução portuguesa emprega a palavra anulabilidade para representar a palavra Vernichtbarkeit. Aqui deve, na área da língua alemã, ser notado: *aufheben*: deixar sem vigência, declarar como inválido (ordem, lei), in: Wahrig, Gerhard. *Deutsches Wörterbuch*. München: Mosaik Verlag, 1986; *aufheben*: 3.a) não deixar existir mais tempo: anular a pena de morte; a companhia de Jesus foi em alguns estados anulada; anular uma ordem de prisão (desfazer); anular uma sentença (declarar inválida); anular a gravitação (deixar sem vigência); adiado não é anulado, in: *Duden Deutsches Universalwörterbuch*. 2. Auf., Mannheim/Wien/Zürich: Dudenverlag, 1989; *Aufhebung* é no direito administrativo a eliminação total ou parcial de um ato administrativo pela administração. Ela é ou retratação ou revogação [ver Maurer, H. (nota 14) página 310 e seguintes, número de margem 1 e seguintes]. No direito privado é a anulação de um contrato a eliminação, fundamentalmente admissível, do contrato por um contrato(-anulação) em sentido contrário (actus contrarius), in: (Köbler, Gerhard/Pohl, Heidrun, *Deutsch-Deutsches Rechtswörterbuch*. München: Beck, 1991). *Actus contrarius* (atuação contrária) é uma atuação jurídica que efetua o contrário de uma outra atuação jurídica (por exemplo, remição de uma dívida em relação à sua fundamentação) (mesmo autor e obra) (ver também infra, nota 47). Como se pode ver, no idioma corrente, a palavra indica uma modificação e no idioma técnico indica, cada vez, para setores do direito. No último sentido ela mostra-se, assim, como um conceito geral em relação à nulificabilidade, e nesse sentido é, sem mais, aplicável, e não como seu sinônimo. Como se verá (infra, 5.2 e nota 48) é conveniente, contudo, ou empregar a palavra nulificabilidade ou, então, ter presente, ao empregar a palavra anulação, o seu papel de conceito geral, respectivamente. Isso também vale na área da língua portuguesa, tendo em vista, infra 6) e 7); comparar com item IV. 4., infra;

4. nulidade e nulificabilidade em Kelsen:

4.1 nulidade: a) é a falta de cáracter jurídico do ato; b) qualquer cidadão ou autoridade pode considerá-lo como inválido; c) pode ser caso-limite da nulificabilidade (nulificação com força retroativa até a data de sua fixação) (Kelsen, H. (nota 11), S. 44 ff.; página 140 e seguintes);

4.2 nulificabilidade: a) é necessária uma autoridade competente para decidir; b) a decisão da autoridade tem caráter constitutivo, mesmo quando declara a nulidade para o cidadão (comparar com a letra c, supra); c) elimina o ato e os seus efeitos; d) pode ter graus no âmbito material e temporal; no material: fica limitado ao caso concreto ou abrange a norma geral ao todo, ou seja, para todos os casos possíveis aos quais essa norma iria aplicar-se; no temporal:

o efeito poder ser limitado para o futuro ou estender-se ao passado, ou seja, pode ser com ou sem retroatividade; e) a data do início do efeito não precisa ser a do pronunciamento da decisão; f) a nulificação do ato pode ser realizada pelo próprio órgão que o fixou ou pode para isso ser chamado um outro órgão; g) a substituição do ato antijurídico pode ser feita pela autoridade chamada a nulificá-lo (cassá-lo) ou ficar a cargo da autoridade cujo ato antijurídico foi nulificado (cassado) (Kelsen, H. (nota 11), S. 47 ff.; página 144 e seguintes);

5. nulidade no plano do direito constitucional:

5.1 nos Estados Unidos: segundo Kelsen (nota 27) pode ser dito: 1. mas a regra do *stare decisis*, no fundo, não é um princípio absoluto. Não é bem claro em qual extensão ele é reconhecido como válido (p. 189; página 307); 2. é, além disso, controverso se a lei que a supreme court declarou inconstitucional pode ser considerada nula *ab initio* (p. 189; página 308); 3. dentro do sistema da lei positiva não há nulidade absoluta. Não é possível caracterizar um ato, que se apresenta como ato legal, como ato nulo *a priori* (nulo *ab initio*) (p. 190; página 308); 4. somente a anulação de tal ato é possível; o ato não é nulo, ele é somente nulificável (p. 190; página 308); 5. o ato é "nulo" somente se a autoridade competente o declarar nulo (p. 190; página 308); 6. antes dessa declaração o ato não é nulo, para ser "nulo" significa legalmente não-existente. E o ato precisa existir legalmente para ele poder ser objeto de julgamento por uma autoridade (p. 190; página 308); 7. é especialmente impossível considerar a lei promulgada pelo legislador constitucional como absolutamente nula ou "nula *ab initio*" (p. 190; página 309); 8. tal declaração tem, por isso, sempre caráter constitutivo e não declaratório (p. 190; página 309); 9. se a "teoria do nulo *ab initio*" não é aceita – e muitos advogados americanos eminentes não a aceitam – [Kelsen cita o Chief Justice Hughes na nota 9] torna-se impossível manter a opinião de que a decisão judicial com a qual a lei é declarada inconstitucional tem o efeito automático de restaurar a lei precedente (p. 199; página 318); 10. mas a teoria do nulo *ab initio* é – como nós apontamos acima [p. 191; página 309] – incompatível com o artigo I, seção 9, parágrafo 3, da constituição (p. 200; página 319). (Pontuação no original, a cada vez.) Diz o artigo I, seção 9, parágrafo 3, da constituição norte-americana: "Não serão aprovados atos legislativos condenatórios sem o competente julgamento, assim como as leis penais com efeito retroativo.";

5.2 na Alemanha: o § 95, alínea 3, da lei do tribunal constitucional federal, que trata da decisão no procedimento do recurso constitucional, emprega a palavra nichtig (nulo). Assim, as decisões têm caráter declaratório com efeito ex tunc (Heck, Luís Afonso. O recurso constitucional na sistemática jurisdicional-constitucional alemã, in: *Revista de Informação Legislativa*, n. 124, out./dez. 1994, página 129, com indicação da literatura). O § 78, da mesma lei, que trata da decisão no procedimento do controle abstrato de normas, também emprega a palavra nichtig (nulo). Isso também vale para a decisão no procedimento do controle concreto de normas (Hesse, K. (nota 6), página 499, número de margem 688), porque o § 82, alínea 1, da lei do tribunal constitucional federal, diz: "As prescrições dos §§ 77 até 79 valem analogamente." Se, portanto, o tribunal constitucional federal, no procedimento de controle de normas abstrato e concreto, chega a convicção de que a norma examinada é incompatível com direito de hierarquia superior, então ele declara essa norma nula (Hesse, K., mesma obra, página 499, número de margem 688). Essa decisão atua fundamentalmente *ex tunc* (Hesse, K., mesma obra, página 500, número de margem 688, em itálico no original).

Conforme Maurer, a lei anticonstitucional é fundamentalmente nula. O tribunal constitucional federal tem de, por isso, declarar nula uma lei que, segundo sua concepção, é anticonstitucional (§ 78, proposição 1, da lei do tribunal constitucional federal). A declaração de nulidade atua – como a nulidade – ex tunc. Ela diz respeito à data da promulgação da lei ou, se a anticonstitucionalidade e nulidade só posteriormente – por modificação das circunstâncias fáticas ou jurídicas – se produziram, à data da modificação. Como a nulidade produz-se ipso iure, a declaração de nulidade é somente um ato declaratório que, todavia, obtém um significado constitutivo determinado pelo fato de agora a nulidade da lei estar fixada vinculativo-juridicamente e, com isso, determinante (Maurer, Hartmut. Jurisdição constitucional, in: Hartmut Maurer. *Contributos para o direito do estado.* Porto Alegre: Livraria do Advogado Editora, 2007, página 250, número de margem 84. Tradução: Luís Afonso Heck).

De acordo com Schlaich, Klaus/Korioth, Stefan (*Das Bundesverfassungsgericht: Stellung, Verfahren, Entscheidungen.* 6. Aufl., München: 2004) se o tribunal constitucional federal, em um dos tipos de procedimentos para isso previstos (controle normativo abstrato e concreto, recurso constitucional imediata ou mediatamente contra uma lei) chega à convicção que a lei, a ser por ele revisada, infringe a constituição, então ele declara essa lei nula. Isso está previsto assim nos §§ 78, proposição 1, 82 I, 95 III, proposição 1, da lei do tribunal constitucional federal. O mesmo vale para regulamentos e estatutos (S. 274, Rn. 378). Mais adiante, Schlaich/Korioth afirmam que essa regulação legal (a nulidade ipso iure e ex tunc de leis anticonstitucionais) parte da concepção tradicional alemã que leis anticonstitucionais são nulas (citam Gilmar Ferreira Mendes, para dizer que outros ordenamentos jurídicos também conhecem esse princípio) (S. 274, Rn. 379 und Fußnote 21; comparar com nota 47, infra). Eles dizem: "Foi a intenção de esclarecer e de legitimar o direito ao exame judicial (incidental), que produziu a idéia, já na primeira metade do século 19, a hoje dominante e que estava na base da lei sobre o tribunal constitucional federal originalmente, que uma lei anticonstitucional é nula desde o início. Uma lei nula não existe, conseqüentemente não precisa – e não pode – o juiz aplicá-la. A não-aplicação judicial, nessa perspectiva, não viola a divisão de poderes; a não-aplicação de uma norma nula não tira nada da sujeitabilidade à norma judicial" (S. 274, Rn. 379). Mais adiante, está dito: "A lei anticonstitucional é ineficaz juridicamente desde o início (ex tunc) e sem outro ato configurante (ipso iure). Essa proposição elementar e significativa curiosamente nem na lei fundamental nem na lei sobre o tribunal constitucional federal nem em outro lugar no direito vigente é formulada expressamente assim como norma" (S. 274 f., Rn. 379). Do mesmo modo, na página 346, número de margem 496: "O tribunal constitucional federal somente comprova a nulidade da lei produzida ipso iure, existente desde o início." Em um outro lugar pode ser lido: "Artigo 100 I, proposição 1, da lei fundamental [Se um tribunal considera uma lei, de cuja validade trata-se na decisão, inconstitucional, então o procedimento deve ser suspenso e, se se trata da violação da constituição de um estado, ser pedida a decisão do tribunal do estado competente para litígios constitucionais, se se trata da violação desta lei fundamental, a decisão do tribunal constitucional federal. Isso também vale quando se trata da violação desta lei fundamental pelo direito estadual ou da incompatibilidade de uma lei estadual com uma lei federal.], parte disto, que leis anticonstitucionais são "inválidas". Assim, à proposição da nulidade de leis anticonstitucionais é atribuída, com razão, hierarquia constitucional (artigos 1 III, 20 III, 79, proposição 1, 100 I, 123 I, da lei fundamental). Que esse dogma não é lógico-juridicamente coercitivo mostra a *doutrina do direito e prática austríaca*" (S. 275, Rn. 379, pontuação e itálico no original). E citam, então, primeiro, o artigo 140, da constituição austríaca: o tribunal austríaco anula leis anticonstitucionais. Essa anulação entra em vigor com sua publicação (ex nunc) ou até somente depois de uma data determinada pelo tribunal constitucional. Até então as leis anticonstitucionais são válidas (ver também supra, nota 27). E, segundo, Kelsen: "As denominadas leis 'anticonstitucionais' são leis constitucionais, mas em um procedimento particular anuláveis" (S. 275, Rn. 379; a passagem de Kelsen encontra-se: Kelsen, H. (nota 15), S. 278; página 304). Por fim, dizem: "Segundo a concepção alemã, o tribunal constitucional federal não anula leis anticonstitucionais, ele não as nulifica: ele apenas comprova (declaratoriamente) a nulidade (*doutrina da nulidade*)" (S. 275, Rn. 380, pontuação no original). Ver sobre o último também infra, nota 43.

Deve notar-se que o § 31, alínea 2, da lei do tribunal constitucional federal, que está em conexão com os parágrafos mencionados da mesma lei, também emprega a palavra nichtig (nulo). Ver sobre isso ainda infra, item IV. 4.;

5.3 no Brasil: sejam citadas duas decisões do supremo tribunal federal, uma antes da constituição federal de 1988 e, outra, depois. Na primeira, RTJ 82, 3, página 793, é dito: "Coincidentes as opiniões quanto aos efeitos da declaração de inconstitucionalidade, efeitos distintos conforme se tratar de declaração de invalidade *incidenter tantum* ou de declaração de nulidade em tese, a questão segunda, que se apresenta, tocante à nulidade ou anulabilidade da lei, isto é, da sua nulidade *ab initio* ou a partir do ato declaratório da invalidade, não recolhe, quanto ao seu deslinde, total consenso dos tribunais e de parte da doutrina" (em itálico no original). Na segunda, RTJ 187, 1, página 168, está escrito: "Essa posição de *eminência* da Lei Fundamental – que tem o condão de *desqualificar*, no plano jurídico, o ato em situação de conflito hierárquico com o texto da Constituição – estimula *reflexões teóricas* em torno da natureza do *ato inconstitucional*, daí decorrendo a possibilidade de reconhecimentos, ou da *inexistência*, ou da *nulidade*, ou da *anulabilidade* (com eficácia *ex tunc* ou eficácia *ex nunc*), ou, ainda, da *ineficácia* do comportamento estatal incompatível com a Constituição" (em itálico no original);

6. nulidade no plano do direito privado: Pontes de Miranda. Em sua obra *Tratado de direito privado*. Rio de Janeiro: Editor Borsoi, 1954, parte geral, tomo IV, na página 37, o § 365 tem como título: eficácia do anulável e, na mesma página, diz: "Êsse fato de ser anulável, sem ser nulo, e o de ter efeitos, o que o nulo não tem, levaram a construções diferentes do anulável: a) uns disseram que a anulabilidade é o nulo (*ab initio*), que só se revela (ou o revelam) quando a sentença, devido à ação proposta, o mostra, porém tal construção é regressiva à teoria romana do nulo e, no fundo, teve por fito reduzir o anulável ao nulo e ambos ao inexistente, para afirmar a eficácia declarativa das decisões nas ações de nulidade e de anulação (regresso portanto a tempos anteriores à distinção mesma entre nulo e anulável); b) outros quiseram caracterizar o anulável como o que pode ser desconstituído, confusão mais grave ainda, porque mantém o conceito superado de "nulo=inexistente", embora admita a distinção entre nulo e anulável; c) finalmente, tem o nulo como o desconstituível, que não precisa de desconstituição de efeitos, *pois não os irradia*, e o anulável como o desconstituível que precisa da desconstituição para que se extingam, *ex tunc*, os efeitos" (pontuação e itálico no original).

Poder-se-ia achar que a primeira parte da proposição *c)* corresponde à idéia de nulidade de Kelsen e, a segunda parte dela, à idéia de nulificabilidade. Deve, por isso, ser examinado mais de perto. Assim, na página 33, o § 364 tem como título: conceito preciso de anulabilidade, e diz: "A decretação da nulidade desconstitui o negócio jurídico existente; a decretação da anulação desconstitui o negócio jurídico existente e desconstitui-lhe a eficácia." Na página 28: "O ato jurídico nulo entrou no mundo jurídico." Na página 22: "O negócio jurídico é nulo, ou anulável, porque alguma regra jurídica sobre nulidade ou anulabilidade o atinge, mas entra ele no mundo jurídico. O mesmo raciocínio far-se-á quanto aos atos jurídicos *stricto sensu.*" Existir, valer e ser eficaz são conceitos tão inconfundíveis que o fato jurídico pode ser, valer e não ser eficaz, ou ser, não valer e ser eficaz. As próprias normas jurídicas podem ser, valer e não ter eficácia (H. Kelsen, Hauptprobleme, 14)." (Lê-se em Kelsen: "A norma não deve como a lei da natureza declarar aquilo que é, ela deve criar uma norma, produzir um ocorrer. Somente também a norma não "vale" porque e à medida que ela "atua"; sua validez não consiste em seu efeito, em seu ser cumprido realmente, não em um ser (ocorrer), mas em seu dever. A norma vale, à medida que ela deve ser seguida; a finalidade da norma é, certamente, o seu efeito. Ela pode, mas ela não precisa cumprir o seu efeito; também a norma sem efeito permanece norma." *Hauptprobleme der Staats-rechtslehre.* 2. Aufl., Tübingen: Mohr, 1923, S. 14.) Na página 5, do tomo V, está dito: "A eficácia do fato jurídico é a irradiação dêle no espaço e no tempo. A dimensão do tempo é antes e depois do fato jurídico. Completado o suporte jurídico, a regra jurídica incide. (Aqui, nada temos a ver com a data da regra jurídica e o comêço da incidência dessa. O que nos interessa é, tão-só, a data da sua incidência sobre o suporte fático; portanto, só a data do fato jurídico. A questão da retroatividade ou irretroatividade da regra jurídica nada tem a ver com o nosso assunto)." (Pontuação e itálico no original.) Da análise resulta que a terminologia de Pontes não equivale à de Kelsen. Portanto, não pode ser empregada no plano do direito constitucional. Pode ver-se, certamente, uma aproximação da frase latina, citada por Pontes: "nullum est negotium, nihil actum est" (nenhum negócio existe, se o ato não acontece) (tomo IV, página 17), com a nulidade de Kelsen;

7. nulidade no plano do direito processual: E. D. Moniz de Aragão. Em seus *Comentários ao código de processo civil.* vol. II, 10. ed., Rio de Janeiro: Forense, 2005, diz na página 296: "Enquanto a nulidade relativa resulta da infração a normas cogentes, subtraída, portanto, ao alcance do poder dispositivo das partes, embora para elas voltadas, a anulabilidade resulta de infração a normas que a lei põe ao alcance do poder dispositivo das partes, voltadas também no seu interesse. A primeira pode ser conhecida de ofício pelo juiz ou alegada pelas partes; a segunda não pode ser apreciada de ofício pelo juiz, pois somente as partes podem alegá-la." Também aqui se mostra que a terminologia não é equivalente.

## 2. A nulidade

Nulidade significa que um ato, que se apresenta com a pretensão, isto é, cujo sentido subjetivo é ser um ato jurídico, especialmente, um estatal, isso não é objetivamente e, precisamente, não porque ele é antijurídico, isto é: não corresponde às condições que uma norma jurídica de grau superior lhe prescreve.[34] A esse ato nulo falta qualquer caráter jurídico de antemão, de modo que ele não carece de nenhum outro ato jurídico de tomar dele essa qualidade arrogada. Se um tal ato jurídico é necessário, então existe somente nulificabilidade, não nulidade. Perante o ato nulo cada um, autoridade ou súdito, está autorizado a examiná-lo em sua juridicidade, reconhecê-lo como antijurídico e, conforme isso, tratá-lo como inválido, não-vinculativo. Somente à medida que o ordenamento jurídico limita esse poder de examinar todo ato que se apresenta com o sentido subjetivo de um ato jurídico e de decidir sobre a sua juridicidade, ao ele reservar esse poder sob determinadas condições somente a instâncias bem determinadas e não deixar a cargo de cada um sob todas as circunstâncias, não pode um ato, ao qual está aderido algum defeito jurídico, já a priori valer como nulo, mas somente como nulificável. Por falta de tal limitação deveria todo ato jurídico vicioso ser considerado como nulo, isto é, como ato não-jurídico. De fato, os ordenamentos jurídicos positivos contêm limitações muito amplas do poder – que compete, de antemão, a cada um – de tratar como nulos atos antijurídicos. Em geral são, nessa direção, tratados distintamente atos jurídicos

[34] Parece instrutivo o curso dessa idéia, ou seja, todo ato estatal compreende dois aspectos, um subjetivo e outro objetivo. No aspecto subjetivo está a pretensão deôntica de ordenar, autorizar e proibir uma conduta. No aspecto objetivo situa-se a norma superior, tanto no sentido formal (nascer no modo determinado), como no material (não violar o conteúdo da norma superior). Isso é fundamental para a compreensão conveniente do controle de normas. Sobre o último ver Heck, L. A. (nota 8), página 126 e seguinte.

privados e atos jurídicos da autoridade. Em geral, existe a tendência de deixar existir como válido e vinculativo um ato fixado pela autoridade estatal também em antijuridicidade existente até ele não ser eliminado por um outro ato jurídico da autoridade. A questão, se um ato da autoridade é antijurídico ou não, não deve, sem mais, ser decidida pelo súdito ou pelo órgão estatal ao qual se dirige esse ato que exige obediência; mas pela própria autoridade que fixou o ato, cuja juridicidade é impugnada, ou de uma outra autoridade, cuja decisão é produzida, em um determinado procedimento. A esse princípio, aceito mais ou menos amplamente pelos ordenamentos jurídicos positivos, que se pode designar como autolegitimação do ato da autoridade, são fixados certos limites. Nenhum ordenamento jurídico pode determinar que absolutamente todo ato, que se apresenta com a pretensão de ser um ato da autoridade, como tal, deve valer até que ele não seja anulado por um outro ato da autoridade por causa de antijuridicidade. Porque se um tal ato, por exemplo, fosse fixado por uma pessoa, a qual de modo nenhum cabe a qualidade de autoridade, seria notoriamente sem sentido primeiro ter de abrir um procedimento de autoridade para sua nulificabilidade. Em contrapartida, porém, também não é possível deixar já a priori ser nulo cada ato que foi fixado por uma autoridade incompetente ou não-composta como é devido ou em um procedimento vicioso. O problema, teórico-jurídica como técnico-juridicamente muito difícil, da nulidade absoluta, contudo, interessa para a questão das garantias constitucionais somente à medida que deve ser comprovado que a nulidade, a não ser nunca completamente excluída jurídico-positivamente, também entra em consideração para aqueles atos que estão imediatamente sob a constituição e que, por isso, também a nulidade dos mesmos, em um certo sentido, apresenta uma garantia constitucional.[35] Não cada ato, que mesmo se designa como lei, deve, pelos sú-

[35] Ver infra, nota 48, número 2. f).

ditos ou pela autoridade aplicadora do direito, ser considerado como uma lei. Pode haver, sem dúvida, atos que somente têm a aparência de lei. Mas se se pergunta qual é o limite que separa o ato nulo a priori de uma lei fictícia de um ato legal vicioso, mas válido, uma lei anticonstitucional, então a teoria do direito não pode responder com uma fórmula geral essa questão. Somente o ordenamento jurídico positivo poderia submeter-se a essa tarefa, mas, em regra, certamente, não o faz: ou então não consciente e precisamente. Ele deixa, em geral, a resposta dessa questão a cargo daquela autoridade que deve decidir quando alguém, como súdito ou órgão estatal, denegou obediência ao ato, que entra em consideração, como mera lei fictícia. *Com isso, porém, o ato duvidoso saiu da esfera da nulidade absoluta e entrou na mera nulificabilidade.*[36] Porque na decisão da autoridade, que o ato ao qual a obediência foi denegada, não foi um ato jurídico, somente pode ser vista a nulificabilidade desse ato jurídico com o efeito ex tunc. Não de outra forma situa-se quando o ordenamento jurídico positivo estatui um mínimo de condições que devem estar cumpridas para que o ato jurídico não seja nulo a priori. Assim, por exemplo, quando a constituição determina que tudo o que foi publicado no diário oficial como lei deve valer como lei, sem consideração a outras antijuridicidades, até que ela não é anulada pela instância para isso chamada. Porque a comprovação, se a condição mínima está cumprida ou não, deve, por fim, realmente, ser realizada autenticamente por uma autoridade, uma vez que, do contrário, cada um poderia, com a mera afirmação que a condição mínima não está cumprida, subtrair-se à obediência perante cada lei. Do ponto de vista do direito positivo é a posição daquele, ao qual se dirige um ato com a pretensão de obediência, sem exceção, esta: ele pode, quando ele considera nulo o ato, denegar-lhe a obediência, contudo, somente por risco próprio, isto é, com o perigo que ele, por causa de desobe-

[36] Realçado por L. A. H.

diência, seja chamado à responsabilidade e que a autoridade, diante da qual ele é chamado à responsabilidade, não considera esse ato como nulo ou declara como cumprida a condição mínima que está prescrita pelo ordenamento jurídico positivo com respeito a validade do ato, excetuando a sua nulificabilidade posterior. Mas se ela não aceita como cumprida a condição mínima, então significa sua decisão: a cassação do ato com retroatividade à data de sua fixação.[37] *Essa interpretação é ordenada porque a decisão é o resultado de um procedimento que tem como objeto a nulidade do ato – inicialmente só pela parte afirmada – a nulidade, por isso, de modo nenhum pode valer como dada antes da conclusão do procedimento, uma vez que ainda existe a possibilidade que o procedimento pode levar a uma decisão negadora da nulidade; e porque a decisão necessariamente deve ter um caráter constitutivo; também então, quando ela declara, segundo o seu texto, a nulidade.*[38] Do ponto de vista do direito positivo, isto é, porém: do ponto de vista da autoridade, que decide sobre o ato supostamente nulo, entra em consideração, com isso, sempre, somente nulificabilidade; e seja também somente no sentido que o tipo da nulidade deixa apresentar-se como caso-limite da nulificabilidade (nulificação com força retroativa).[39]

## 3. A nulificabilidade

A nulificabilidade do ato antijurídico significa a possibilidade de eliminar ele com seus efeitos jurídicos. A nulificação pode, agora, ter graus distintos, e precisamente, tanto no que concerne ao seu âmbito material como no seu temporal. No primeiro sentido estão dadas as possibilidades seguintes: a nulificação (cassação) do ato antijurídico

---

[37] Ver infra, nota 48, número 2. f).

[38] Realçado por L. A. H. Ver infra, nota 47.

[39] Ver infra, notas 44, 45 e 48.

permanece limitada a um caso (concreto). Se se trata de um ato individual, então isso entende-se por si mesmo. De outra forma, quando existe uma norma geral. A cassação de uma norma geral permanece limitada a um caso concreto se o ordenamento jurídico determina que as autoridades (tribunal ou administração), das quais a norma pede para ser aplicada, é autorizada ou obrigada a recusar essa aplicação no caso concreto, quando ela considera essa norma como antijurídica, e no caso existente deve decidir ou dispor como se a norma geral, reconhecida por ela como antijurídica, não estivesse em validez. De resto, porém, permanece essa em validez e deve, em outros casos por outras autoridades, ser aplicada, quando essas, ou não estão autorizadas para tal exame e decisão relativa a juridicidade da norma a ser aplicada ou, embora autorizadas, consideram essa norma como jurídica.[40] Ao a autoridade, que é chamada para a aplicação da norma geral, poder eliminar a sua validez para o caso concreto pelo seu conhecimento da antijuridicidade, tem ela o poder de cassar a norma geral; porque a eliminação da validade de uma norma e sua cassação são uma e mesma coisa. Só que precisamente a cassação é uma meramente parcial, limitada ao caso particular. Isso é a posição que, segundo muitas constituições modernas, têm os tribunais (não, porém, as autoridades administrativas) perante os regulamentos; em alguns estados, também perante as leis (por exemplo, nos Estados Unidos da América). Porém, um tal poder tão amplo dos tribunais perante as leis não é, de modo nenhum, a regra. Em geral, os tribunais podem examinar[41] somente a juridicidade, isto é a

[40] Ver infra, nota 45.

[41] Aqui deve ser chamada a atenção, primeiro, sobre uma questão terminológica. Hoje costuma-se distinguir, na Alemanha, no âmbito do controle concreto de normas, entre competência para o exame e competência para a rejeição. Aquela pertence ao juiz, esta, ao tribunal constitucional federal. Ver sobre isso também Heck, L. A. (nota 8), página 47, nota 153 e página 133, nota 250 e infra, nota 44; segundo, sobre a extensão da competência para o exame, que também compreende o exame do aspecto objetivo no sentido material, conforme nota 34, supra. Comparar com nota 54, infra.

constitucionalidade das leis, não em todas as direções. Seu poder de exame é, em regra, bem limitado. Os tribunais podem somente investigar a publicação como é devida da lei e, conforme isso, denegar a aplicação da mesma ao caso concreto somente do fundamento de uma antijuridicidade situada na publicação.[42]

O defeito e a insuficiência de tal cassação, limitada ao caso concreto, de norma antijurídica, é manifesto. É, sobretudo, a unidade que falta[43] e a incerteza jurídica,[44] disso resultante, que se fazem perceptíveis muito desagradavelmente, quando um tribunal deixa inaplicado um regulamento ou até uma lei como antijurídico, enquanto um outro tribunal faz o contrário, as autoridades administrativas, porém – contanto que também elas são chamadas para a aplicação dessa lei –, no fundo, não devem denegar essa.[45] Uma centralização do poder de examinar normas

---

[42] Assim como isso era o caso, por exemplo, antes de entrar em vigor a constituição da Áustria de 1920. Ver Kelsen, H. (nota 27), p. 185; página 303.

[43] Aqui deve ser considerada a unidade normativa. Ver sobre isso Heck, Luís Afonso. O controle normativo no direito constitucional brasileiro, in: *Revista dos Tribunais*, volume 800, junho 2002, página 61. Parece que o sentido e a função que essa unidade normativa desempenha na manutenção da constituição é ignorada por aqueles que insistem em modificar a constituição; a falta da unidade normativa não pode ser justificada com uma modificação da constituição e também não substituída (comparar com Barbosa, R. (nota 27), página 20-42, 129-149, 170-188 e 241-259). Em conexão com isso está que a questão sobre a "rigidez" ou sobre a "mobilidade" da constituição não é questão de uma alternativa, mas de uma questão da coordenação "exata" desses elementos. Ver para o último Hesse, K. (nota 6), página 45 e seguintes, número de margem 36 e seguintes, pontuação no original.

[44] A solução do vencimento dessa incerteza está na centralização da competência para a rejeição. Ver também nota 46, infra.

[45] Diante desse estado de coisas, nota Kelsen: "A falta de uma decisão uniforme sobre a questão no tocante se a lei é constitucional, isto é, se a constituição é violada é o grande perigo para a autoridade da constituição" (Kelsen, H. (nota 27), p. 185; página 303). Ver também infra, nota 46.

gerais em sua juridicidade deve, em todos os sentidos, ser justificada.[46]

---

[46] O fato mais importante, contudo, é que na Áustria a decisão da corte ordinária suprema, o chamado tribunal supremo (Oberster Gerichtshof) concernente à constitucionalidade de lei ou de regulamento não tinha força vinculativa sobre as cortes inferiores (Kelsen, H. (nota 27), S. 186; página 304). A constituição austríaca de 1920, nos artigos 137-148, alcançou essa centralização por reservar a revisão judicial da legislação a uma corte especial, a chamada corte constitucional (Verfassungsgerichtshof) (mesmo autor e obra, p. 186; página 304). Para evitar tal incerteza foi uma das razões condutoras para a centralização da revisão judicial da legislação na Áustria e deu a jurisdição na corte constitucional para abolir em geral, e não somente para o caso dado, a lei inconstitucional (mesmo autor e obra, p. 192; página 311). A constituição austríaca centralizou, portanto, a competência para o exame também no tribunal constitucional.

Na Alemanha, pela lei fundamental, o tribunal constitucional federal tem, no controle de normas abstrato, o monopólio de exame e reprovação; no controle de normas concreto restringe-se a reprovação de normas jurídicas. Cada tribunal, que tem de decidir um caso particular, está, por causa de sua vinculação à constituição e lei, obrigado ao exame, se as normas jurídicas, que importam para a decisão, são válidas. Esse direito ao exame judicial está pressuposto no artigo 100, da lei fundamental [impressa em Heck, Luís Afonso. *Jurisdição constitucional e legislação pertinente no direito comparado*. Porto Alegre: Livraria do Advogado Editora, 2006, página 135 e seguintes], simultaneamente, todavia, restringido: o tribunal deve fundamentalmente só então decidir mesmo quando ele chegar ao resultado que a norma jurídica a ser aplicada é válida. Se ele, ao contrário, julga uma lei, cuja validez importa na decisão, inconstitucional, então ele tem de suspender o procedimento e – conforme se trata de uma violação da constituição estadual ou da lei fundamental – pedir a decisão do tribunal constitucional estadual ou do tribunal constitucional federal, do último também então, quando se trata da violação da lei fundamental por direito estadual ou da incompatibilidade de uma lei estadual com uma lei federal. O procedimento perante o tribunal constitucional federal orienta-se pelo § 13, número 11, 80 e seguintes, da lei sobre o tribunal constitucional federal (Hesse, K. (nota 6), página 496 e seguinte, número de margem 682; seja notado que a expressão "reprovação" corresponde à "rejeição").

Trata-se, no § 80 e seguintes, da lei do tribunal constitucional federal, da chamada apresentação judicial. O seu aspecto teleológico está em concentrar o exame relativo ao legislador no tribunal constitucional federal para impedir que cada tribunal individual passe por sobre a vontade do legislador federal

Se, porém, decide-se transferir o exame para uma única autoridade, então também está dada a possibilidade de abandonar a limitação da cassação ao caso particular. Então se tem de lidar com uma nulificação da norma geral ao todo, isto é, para todos os casos possíveis aos quais essa norma, segundo o seu sentido, iria aplicar-se.[47] Que uma

---

ou estadual quando não aplica as leis por eles votadas porque, segundo o seu ponto de vista, elas infringem a lei fundamental ou a ordem hierárquica federal, do direito federal ou do direito estadual. A atribuição do tribunal constitucional federal como guarda da constituição retrocede. Ver sobre isso Heck, L. A. (nota 8), página 132 e seguinte, com indicação da doutrina e jurisprudência. Ver também infra, nota 48, número 2. f).

Sobre a opinião do tribunal, que sua atribuição de guarda da constituição retrocede, ver, crítico, Hesse, K. (nota 6), página 497 e seguintes, número de margem 683 e seguintes; ver, em conexão com isso, Heck, L. A. (nota 43), página 61, nota 5, e página 62, nota 10.

Deve ser notado que na decisão RTJ 169, 2, página 458, o supremo tribunal federal chegou a discutir a questão da apresentação judicial, sobretudo, em vista da suspensão do procedimento.

[47] Aqui se coloca a questão do dador de leis negativo. A cassação de normas gerais (leis, regulamentos, etc.) pelo tribunal constitucional é uma sentença judicial que tem caráter legislativo, ou seja, o tribunal como dador de leis negativo (Kelsen, H. (nota 11), S. 87). Em outro lugar, diz Kelsen: "Se é transferido a um "tribunal" o poder de anular uma lei, então ele está autorizado à fixação de uma norma geral. Porque a anulação de uma lei tem o mesmo caráter geral como a promulgação de uma lei. Anulação é, de certo modo, somente promulgação com um sinal negativo" (Kelsen, H. (nota 11), S. 54, pontuação no original; página 151 e seguinte). E, mais adiante: "A anulação de uma lei por fundamentos de sua anticonstitucionalidade realiza-se essencialmente em aplicação das normas constitucionais. Aqui prepondera o fator da vinculação, aqui o fator, característico para a dação de leis, da livre criação retrocede muito. O dador de leis positivo: o parlamento, eventualmente em união com o governo, está vinculado pela constituição somente com respeito ao seu procedimento, com respeito ao conteúdo da lei, a ser por ele promulgada, só excepcionalmente e somente por princípios gerais, linhas diretivas, e assim por diante. O dador de leis negativo, porém, o tribunal constitucional, é, em sua função, determinado essencialmente pela constituição. E justamente nesse ponto sua função iguala-se, no fundo, a dos tribunais: ela é preponderantemente aplicação do direito e, por isso, nesse sentido, jurisdição autêntica" (Kelsen, H. (nota 11), S. 55 f.; página 153).

Em outro trabalho, Kelsen escreve: "Considerado teoricamente, a diferença entre um tribunal constitucional competente para a cassação de leis e um tribunal civil, penal ou administrativo normal é esta, que este, do mesmo modo como aquele é tanto aplicador do direito como criador do direito, que este, porém, somente cria normas individuais, enquanto aquele, ao ele aplicar a constituição a um tipo da criação de lei, chega a uma anulação da lei anticonstitucional, uma norma geral – precisamente não cria, mas – nulifica, isto é, fixa um actus contrarius correspondente ao da criação do direito, isto é – como eu formulei –, funciona como "dador de leis negativo" (Kelsen, H. (nota 3), S. 598, pontuação no original; página 263; Kelsen remete à página 54, acima citada (página 151 e seguinte). Mais adiante, lê-se: "Porque um tribunal, que não aplica a um caso concreto uma lei por fundamentos de sua anticonstitucionalidade ou um regulamento por fundamentos de sua antilegalidade, nulifica uma norma geral e funciona, assim, também como "dador de leis negativo" (no sentido material da palavra "lei"). Somente que essa anulação da validez da norma geral é limitada a um caso e não – como na sentença de um tribunal constitucional – realiza-se para o todo, isto é, para todos os casos possíveis" (Kelsen, H. (nota 3), S. 599, pontuação no original; página 263 e seguinte).

O supremo tribunal federal fala, ocasionalmente, em dador de leis negativo. Os casos, nos quais isso ocorre, podem ser divididos em três grupos: 1. rejeição: RTJ 143, 1 (57 e seguintes); RTJ 146, 2 (461 e seguintes); RTJ 154, 2 (401 e seguintes); RTJ 161, 3 (739 e seguintes); RTJ 178, 1 (22 e seguintes); RTJ 180, 3 (1180); RTJ 182, 3 (1102); RTJ 184, 3 (1170); RTJ 189, 1 (344); 2. omissão absoluta: RTJ 185, 3 (794 e seguintes); 3. omissão relativa: RTJ 171, 3 (984 e seguintes); RTJ 175, 3 (1137); RTJ 178, 1 (117 e seguintes); RTJ 188, 1 (237). Em todos os três grupos de casos o tribunal acentua que não tem o papel de dador de leis positivo, isto é, de fixar uma norma; em 2., mais além, no sentido de conceder aquilo que a norma ausente pretensamente iria dar e, em 3., no de estender o recebido àqueles que não receberam. Pelo contrário, a questão de se a decisão é constitutiva, que é fundamental, como visto, para a concepção de dador de leis negativo, não é abordada. Aqui a decisão é vista como declarativa, portanto, no âmbito na nulidade. O equivalente, assim, do dador de leis negativo, na concepção do supremo tribunal federal, não é o actus contrarius em relação ao dador de leis, mas a omissão, que corresponde à atuação do dador de leis positivo. Duas questões devem, perante isso, inicialmente, ser colocadas:

1. em Kelsen o caráter constitutivo está no plano da criação do direito (ver supra, nota 16) e o supremo tribunal federal vê-o no plano da aplicação do direito. Essa mistura parece ocorrer a partir da pré-compreensão do tribunal, isto é, nulidade=sentença declarativa (ver, por exemplo, RTJ 193, 3, página 874: "Di-

tal procuração ampla somente pode ser transferida a uma instância central extrema, compreende-se por si mesmo.

Em sentido temporal pode o efeito da cassação ser limitado ao futuro, ou, então, estender-se ao passado, isto é:

---

ferente da posição externada por Leitão de Abreu, entendo que o princípio da nulidade, enquanto cláusula não-escrita, continua a ter plena aplicação entre nós"), o que o leva, por conseguinte, a uma compreensão ambígua do significado do legislador negativo. Ver também supra, notas 33 e 43;

2. outra coisa é aquilo que concerne ao status legal criado com a anulação com respeito ao objeto antes regulado pela lei anulada. Com vista à América do Norte, Kelsen distingue duas possibilidades. A primeira, que a lei anulada regulou o objeto, que naquele tempo da lei entrar em vigor ainda não era regulado legalmente. A segunda, a lei anulada substituiu a lei anterior ou a regra da common law regulando objeto similar (Kelsen, H. (nota 27), p. 198; página 317; comparar com mesmo autor e obra, p. 191 f.; página 309 e seguintes.) Com vista à Áustria, Kelsen menciona a regra contida no artigo 140, alínea 6, primeira proposição, da constituição austríaca (ver supra, nota 27; comparar com o artigo 11, § 2, da lei número 9.868, de 10.11.1999), e afirma: desse modo, a decisão da corte constitucional pela qual não somente a lei foi anulada, mas também a regra precedente foi restaurada, foi não um mero ato negativo de legislação, mas um positivo (Kelsen, H. (nota 27), p. 199; página 318). Sobre isso, Kelsen também já se manifestara universalmente em um escrito anterior: "Um tal poder, de pôr em vigor positivamente normas gerais, iria, todavia, conferir à função do tribunal constitucional – ainda que trate, nisso, somente de normas que já, uma vez, foram postas em vigor pelo dador de leis regular, então, porém, outra vez, ficaram sem vigor – em uma medida ainda mais alta um caráter legislativo que a anulação de normas gerais por sentença cassatória tem (Kelsen, H. (nota 11), S. 73, página 172).

Diante disso, pode ser comprovado: o legislador positivo, no âmbito do tribunal constitucional federal, não consiste no dispor direito, assim como o dador de leis ao ele promulgar uma norma, mas no restaurar, com a anulação, uma norma que antes já estava em vigor.

Mais além, ainda: a idéia do "princípio da nulidade como cláusula não-escrita" deveria poder ser remontada a Rui (Barbosa, R. (nota 27), página 44 e seguinte, 89 e seguintes e 228 e seguinte; comparar com página 8, 29, 43 e seguintes, 62, 65 e seguintes, 87, 138 e 174 e seguinte. Ver também infra, nota 48.

Nessa conexão, também pode ser colocada a concepção de "revogação" de Rui (Barbosa, R. (nota 27), página 11, 60 e seguintes, 100 e seguintes).

a nulificação do ato antijurídico pode realizar-se com ou sem retroatividade.[48] Tal diferenciação tem, naturalmente,

[48] Pode ler-se em Maurer: "Assim, é possível que leis anticonstitucionais somente são nulificáveis, isto é, primeiro pela decretação da nulidade judicial-constitucional ex tunc perdem a sua eficácia jurídica, mas até a decisão judicial-constitucional devem ser observadas e aplicadas, ou que elas até somente são anuláveis, isto é, primeiro com a decisão judicial constitucional perdem a sua eficácia jurídica ex nunc ou em uma data posterior" (Maurer, Hartmut. A revisão jurídico-constitucional das leis pelo tribunal constitucional federal, in: Hartmut Maurer. *Contributos para o direito do estado*. Porto Alegre: Livraria do Advogado Editora, 2007, página 285. Tradução: Luís Afonso Heck). Mais adiante, na página 302, nota 60: "... que leis anticonstitucionais são somente nulificáveis, isto é, eficazes juridicamente até elas, por uma decisão do tribunal constitucional federal, com efeito ex tunc, serem declaradas nulas, ... ." Nessa conexão, deve, ainda, ser mencionado: "A concepção, que a lei anticonstitucional de antemão é nula, não é indiscutível, corresponde, porém, à jurisprudência e à doutrina dominante, ... . Ela resulta da primazia de validez da constituição e do procedimento de controle normativo, determinado na lei fundamental, especialmente da concepção do direito do exame judicial, expressado no artigo 100 I, da lei fundamental (ver supra, nota 33, número 5.2), que é compreensível dogmaticamente somente sob o pressuposto da nulidade de leis anticonstitucionais ... . Na prática, a declaração de nulidade, certamente, converte-se sempre mais em exceção e a declaração de anticonstitucionalidade ou a continuidade de vigência, limitada temporalmente, da lei, em regra. Contudo, deve ser perseverado na nulidade e declaração de nulidade como princípio, cujas exceções carecem de fundamentação" (Maurer, Hartmut. Jurisdição constitucional, in: Hartmut Maurer. *Contributos para o direito do estado*. Porto Alegre: Livraria do Advogado Editora, 2007, página 250. Tradução: Luís Afonso Heck). Na RTJ 193, 3, página 871, a observância da necessidade da fundamentação está fixada assim: "... o afastamento do princípio da nulidade da lei assenta-se em fundamentos constitucionais e não em razões de conveniência" (ver também infra, 2. e) e f)). Mais além, pode ler-se em Schlaich/Korioth: "O dogma da nulidade de leis anticonstitucionais – no tempo de Weimar mal controverso – não é (mais) indiscutido. Ele está defronte da chamada *doutrina da nulificabilidade*" (Schlaich/Korioth (nota 33), S. 275, Rn. 381, em itálico no original).

Aqui duas coisas devem ser notadas.

1. Existem lugares na jurisprudência do supremo tribunal federal em que, sob a expressão "jurisdição constitucional ortodoxa", é posta em dúvida a idéia da nulidade. Assim, na RTJ 175, 1, página 313 e seguinte: "O caso mostra,

com efeito, a inflexível estreiteza da alternativa da jurisdição constitucional ortodoxa, com a qual ainda jogamos no Brasil: consideramo-nos presos ao dilema entre a constitucionalidade plena e definitiva da lei ou a declaração de sua inconstitucionalidade com fulminante eficácia *ex tunc*; ou ainda, na hipótese da lei ordinária pré-constitucional, entre o reconhecimento da recepção incondicional e a perda de vigência desde a data da constituição. Essas alternativas radicais – além dos notórios inconvenientes que gera – faz abstração da evidência de que a implementação de uma nova ordem constitucional não é um fato instantâneo, mas um processo, no qual a possibilidade da realização da norma da constituição – ainda quando teoricamente não se cuide de um preceito de eficácia limitada –, subordina-se, muitas vezes, a alterações da realidade fática que a viabilizem" (em itálico no original). Na RTJ 177, 2, página 887 e seguinte e na RTJ 193, 3, página 881, o texto é o mesmo. Uma outra decisão, sob a expressão "nulidade radical", deixa colocar-se ao lado dessas duas. Assim, na RTJ 187, 1, página 169, lê-se: "*Impõe-se* reconhecer, no entanto, *que se registra*, no magistério *desta* Corte, e no que concerne a *determinadas* situações (...), uma *tendência* claramente perceptível *no sentido de abrandar a rigidez dogmática* da tese que proclama a *nulidade radical* dos atos estatais *incompatíveis* com o texto da Constituição da República" (em itálico no original). Na RTJ 193, 3, página 879, fala-se do "dogma da nulidade *ex radice* da lei inconstitucional" (em itálico no original).

2. O modo de vencimento da questão, todavia, parece ser duvidoso. Isso deixa demonstrar-se quando se contrapõe o artigo da constituição mencionado na entrada e os artigos mencionados no item III. com o que segue.

a) Na RTJ 193, 3, página 867 e seguintes, é tentado atenuar a idéia da nulidade no controle difuso. Para essa finalidade, o tribunal invoca o ordenamento jurídico americano. Se se considera, todavia, as observações de Kelsen, expostas na nota 33, número 5.1, supra, que se cobrem com aquelas contidas no Corpus Juris Secundum, expostas na RTJ 82, 3, página 793 e seguinte, então se deve admitir que as objeções à nulidade do ordenamento jurídico americano levam ao âmbito da nulificabilidade. Se se nega isso, então, mais além, coloca-se a seguinte questão: existem, teoricamente, duas nulidades: a do sistema jurídico americano e a do sistema jurídico alemão; aquela reside no controle difuso brasileiro e esta no controle concentrado (sobre essa terminologia, ver Heck, L. A. (nota 43), página 58, nota 1 e infra, letra f)). Que a doutrina da nulidade (alemã) e da nulificabilidade (de Kelsen), contudo, podem existir simultaneamente em um mesmo ordenamento jurídico foi exposto na nota 33, número 5.2, supra. Diante disso, esse fendimento artificial, no plano da teoria, não só não resulta em um novo conhecimento como, ainda, termina, no plano prático, no âmbito da nulificabilidade. A tentativa de driblar, com isso, o artigo 52, X, da constituição federal, parece malograda. Ver nota 55, infra.

b) Na RTJ 190, 1, página 222, são mencionadas as expressões "vigência normativa" e "vigência fática", extraídas de Ipsen, que foi citado nessa página. Nele lê-se: "Claro é, por um lado, que pelo conceito vago de validez jurídica nasceram, na discussão das conseqüências jurídicas, algumas confusões. À medida que os partidários da doutrina da nulificabilidade citam o argumento da validez jurídica, eles acham, em regra, a – por ninguém impugnada – validez *fática* da lei anticonstitucional. A validez fática, todavia, não pode ser desfeita, mas somente concluída em aspectos parciais. Conteúdo do dogma da nulidade foi, porém, sempre que leis anticonstitucionais são não-vinculativas segundo o direito, a elas, portanto, não cabe validez *normativa*. Sob esse aspecto, alguns ataques enérgicos contra a doutrina das conseqüências jurídicas tradicional vão para o vazio.

Certamente, a correlação entre validez fática e normativa também não deve, neste lugar, passar desapercebida. Um *ordenamento jurídico* não pode, certamente, ser qualificado como normativamente vigente, à medida que ele nem é cumprido nem aplicado. Mas, mesmo quando se afirma, de modo arrogante e exagerado, que a validez normativa de cada *norma individual* pressupõe uma certa medida de eficácia fática, não seria já a declaração, às avessas, acertada, que da validez fática de uma norma também resulta sua validez normativa. A transformação do fático no normativo pode, pelo contrário – e aqui a doutrina da nulificabilidade entra visivelmente em situação incômoda –, somente ser esclarecida por uma norma" (Ipsen, Jörn. *Rechtsfolgen der Verfassungswidrigkeit von Norm und Einzelakt.* Baden-Baden: Nomos Verlag, 1980, S. 157 f., em itálico no original). É interessante, todavia, chamar a atenção ao modo como o autor tenta vencer o colocado. Assim: "Um exemplo deve aclarar essa conexão.

Uma lei de imposto, que prevê uma imposição desigual de grupos profissionais distintos e por muitos anos foi aplicada pelas autoridades financeiras, sem que tivesse sido promovida dúvida em sua constitucionalidade, é, com vista a um recurso constitucional, declarada nula.

No instante, seja desviado das muitas variantes que o tribunal constitucional federal desenvolveu para a conclusão de tais casos complicados [certamente, o autor tem em vista as alternativas ou outras fórmulas decisórias, ver infra, nota 54] e simplesmente pôr a questão o que pode ser declarado sobre a validez de uma tal lei" (mesmo autor e obra, S. 158).

Essa afirmação deve, à medida que ela diz respeito à doutrina da nulificabilidade, ser confrontada com a de Kelsen: "Justamente na proposição jurídica o "não-cumprimento" de modo nenhum é do mesmo significado como na lei moral. Uma proposição jurídica que nunca é "cumprida" não deixaria, por isso, de ser proposição jurídica. A norma jurídica leva materialmente ainda uma outra vida que no ser cumprida. Ela é "aplicada", e precisamente, justamente naqueles casos na qual ela não é cumprida. E, sem dúvida, é essa forma de manifestação externa da proposição jurídica mais significativa juridicamente. Somente quando a proposição jurídica é violada ela chega ao "efeito", particular dela, produz-se a conseqüência antijurídica contida por ela.

É muito facilmente possível que uma proposição jurídica, pelos súditos, dado o caso, sempre é violada, pelos órgãos do estado, contudo, sempre aplicada. Pense-se em proposições jurídicas que têm oportunidade só raramente de serem cumpridas ou só raramente aplicadas; por exemplo, determinações penais aduaneiras, que penalizam a omissão de determinadas manipulações de produtos que só raramente chegam à importação, entre outras coisas. Tais proposições jurídicas conservaram seu caráter, apesar de elas nunca terem sido cumpridas, contanto que elas somente sejam aplicadas. *O caso da derrogação de uma proposição jurídica formalmente existente por costume é sempre somente então dado, quando ela não é aplicada constantemente pelas autoridades* [funcionário e juiz] (realçado por L. A. H.); e, nisso, é indiferente se essa proposição jurídica na maioria dos casos, nos quais o seu tipo existiu, foi "cumprida" ou não. Os fundamentos, dos quais uma proposição jurídica, apesar de sua existência formal, não é aplicada pelas autoridades, são muito variados. Somente um, entre muitos, é a violação continuada por parte dos súditos.

Esse processo de um deixar sem vigência meramente fático de proposições jurídicas é, todavia, juridicamente completamente inconcebível. A não-aplicação de uma proposição jurídica formalmente existente ou a aplicação de uma formalmente não-existente pelos órgãos estatais é uma falha de fato do ordenamento jurídico, que, precisamente, por isso, juridicamente não pode ser construída, porque toda a construção jurídica baseia-se no funcionar de fato do ordenamento jurídico, tem esse funcionar como pressuposto e nunca deve esclarecer a conduta de fato do aparelho jurídico. Do mesmo modo, falha a construção jurídica em todos os casos de rupturas da constituição, quando, por exemplo, o monarca fixa atos de governo anticonstitucionais, que tem efeitos de fato. Do mesmo modo como seria absurdo justificar juridicamente a revolução, afirmar um "direito a isto, não considerar um direito", significa uma contradição em si mesmo querer construir juridicamente a derrogação de uma lei por abuso das autoridades – o que resulta juridicamente o mesmo como revolução e ruptura da constituição: ou seja, exclusão do ordenamento jurídico –. *E nada mais pretende a teoria que inclui, como elemento essencial, em seu conceito normativo, segundo a sua natureza, da proposição jurídica, um elemento do ser, ou seja, seu ser cumprido ou aplicado. Porque isso tem simplesmente a finalidade de satisfazer juridicamente aquele aparecimento que nós, segundo a sua natureza, reconhecemos como extrajurídico: a destruição da proposição jurídica por uma conduta de fato do dever jurídico por um ser.* Em conformidade com isso, deve ser designado como completamente malogrado quando se tenta regular juridicamente a derrogação do direito legislado por causa do funcionar antijurídico dos órgãos estatais – e somente dessa maneira pode formar-se um costume que se opõe à proposição jurídica –, ao se, por exemplo, exigir para a derrogação, que a proposição jurídica não se aplicou na maioria dos casos ou por um período determinado, sob circunstâncias determinadas. Porque, prescindindo totalmente disto, que os elementos citados, em geral, no fundo, não se deixam comprovar – como se poderia, porventura, provar uma maioria de casos, nos quais uma proposição jurídica deveria ter sido aplicada, embora ela não tenha sido aplicada? –, são todas as formulações semelhantes arbitrárias e, do ponto de vista do direito positivo, irrelevantes. Como as últimas questões sobre geração e destruição do ser não ganham nenhuma resposta das disciplinas explicativas, são de natureza metafísica, assim está o problema do nascimento e destruição do direito – não de relações jurídicas particulares – do outro lado dos limites da consideração jurídica formal, é, para usar uma expressão acertada de Georg Jellinek: de natureza metajurídica" (Kelsen, H. *Hauptprobleme der Staatsrechtslehre.* Tübingen: Mohr, 1923, S. 49 ff., pontuação no original). Nessa conexão, está abordada a força normativa do fático. Sobre isso, manifesta-se Kelsen: "Não é uma consideração lógico-formal, mas uma psicológico-histórico-material que mostra que regularmente ou, então, muito freqüentemente, o conteúdo de um dever também é o conteúdo de um ser específico, que vale como devido o que em modo determinado de fato ocorre ou ocorreu. O que se designa como "força normativa do fático" é justamente aquele fato psicológico-histórico, que ao particular opõe-se como devido aquilo que, em regra, e desde sempre, foi observado por todos ou pela maioria" (mesma obra, S. 9, pontuação no original). Mais adiante: "Para um modo de ver, ao qual o dever aparece somente como um caso especial do ser, também deve a oposição entre lei natural e norma – pelo menos em áreas morais – desaparecer. Esse método sociológico, genético-psicológico deve, de antemão, chegar a resultados diferentes que o formalista" (mesma obra, S. 23).

Além disso, encontra-se em Kelsen, ainda, o seguinte: "Fixação e eficácia são, na norma fundamental, transformadas em condição da validez; eficácia, no sentido que ela deve associar-se à fixação para que o ordenamento jurídico, como todo, do mesmo modo como uma norma jurídica particular, não perca sua validez. Uma condição não pode ser idêntica com aquilo por ela condicionada. Assim, deve uma pessoa, para viver, ser nascida; mas, para permanecer com vida, também outras condições devem ser cumpridas, por exemplo, ela precisa receber nutrição. Se essa condição não é cumprida, ela perde sua vida. Mas a vida não é nem com o ser-nascida nem com o receber-nutrição idêntica" (Kelsen, H. (nota 15), S. 219; página 236). E em outro lugar: "Mas também a suposição, que uma doutrina do direito natural pode dar uma resposta incondicional à questão sobre o fundamento de validez do direito positivo baseia-se em um engano. Uma tal doutrina vê o fundamento da validez do direito positivo no direito natural, isto é, em uma ordem fixada pela natureza como uma autoridade extrema, que é superior ao dador de leis humano. Nesse sentido, é também o direito natural direito fixado, mas não por vontade humana, mas por sobre-humana. Uma doutrina do direito natural pode, sem dúvida, afirmar o fato – mesmo que ela não possa comprovar – que a natureza ordena que as pessoas devem conduzir-se de modo determinado. Como, porém, um fato não pode ser o fundamento de validez de uma norma, uma doutrina do direito natural logicamente correta não pode negar que se pode interpretar um direito positivo, correspondente ao direito natural, como válido somente quando se pressupõe a norma: deve obedecer-se o ordenar da natureza. Também a doutrina do direito natural pode, à pergunta sobre o fundamento de validez do direito positivo, somente dar uma resposta condicionada. Se ela afirma que a norma, que se deve obedecer ao ordenar da natureza, é imediatamente evidente, ela equivoca-se. Essa afirmação é inaceitável. Não só em geral, porque não podem existir normas imediatamente evidentes da conduta humana; mas também em particular, porque essa norma menos ainda que alguma outra pode ser afirmada como imediatamente evidente. Porque para a ciência, a natureza é um sistema de elementos determinados legal-causalmente. Ela não tem vontade e, por isso, não pode fixar normas. Normas podem, como imanentes à natureza, somente ser aceitas quando se aceita na natureza a vontade de deus. Que deus, na natureza, como manifestação de sua vontade – ou de algum outro modo –, ordena às pessoas conduzirem-se de determinado modo é uma suposição metafísica que, por uma ciência em geral e uma ciência do direito em particular, não pode ser aceita, uma vez que conhecimento científico não pode ter como objeto um processo afirmado do outro lado de toda experiência possível" (Kelsen, H. (nota 15), S. 227; página 245 e seguinte). A argumentação de Kelsen, aqui desenvolvida, pode ser situada no âmbito das chamadas teorias cognitivas e não-cognitivas. Elas, sob o título: "Quão razoável é a autoridade do dever?", encontram uma apresentação em Habermas (Habermas, Jürgen. Eine genealogische Betrachtung zum kognitiven Gehalt der Moral, in: mesmo autor, *Die Einbeziehung des Anderen. Studien zur politischen Theorie*. 2. Aufl., Frankfurt am Main: Suhrkamp, 1977, S. 5, 11 ff.

Versão portuguesa: *A inclusão do outro. Estudos de teoria política*. São Paulo: Edições Loyola, 2002, página 5, 11 e seguintes. Tradução: Paulo Astor Saethe e George Sperber). Em união com isso, ver também Alexy, R. (nota 12), S. 55 ff., página 52 e seguintes.

c) Na RTJ 193, 3, página 875, são mencionadas as expressões "plano normativo" e "plano do ato singular". Elas também aparecem na página 876. Novamente é remetido para isso à obra de Ipsen (supra, letra b). A tese defendida por esse autor, contudo, parece ser muito problemática. Na página 189 está dito: "A nulidade de leis anticonstitucionais pressupõe, por um lado, a idéia da unidade do ordenamento jurídico [ôntica?] e baseia-se, por outro, no teorema de uma ordem de graus do direito, no qual a constituição ocupa a hierarquia extrema." Essa página encontra-se dentro do excurso intitulado: tentativa de uma diferenciação teórico-jurídica entre norma e ato particular, que inicia na página 177. Além disso, o já não mais tão atual trabalho de Ipsen, que tomou por base a teoria da nulidade, encontra-se em direção contrária à jurisprudência (ver o dito no início desta nota, supra) e, ainda, está defronte da obra de Heckmann, que parte, por sua vez, da teoria da nulificabilidade. Nesse sentido, ela apresenta a posição contrária à do trabalho de Ipsen. Ver Heckmann, Dirk. *Geltungskraft und Geltungsverlust von Rechtsnormen: Elemente einer Theorie der autoritativen Normgeltungsbeendigung*. Tübingen: Mohr Siebeck, 1997, S. 44 ff., 249 ff., 403 ff., 777 ff.

d) Na RTJ 193, 3, página 875, está dito: "Acentue-se, desde logo, que, no direito brasileiro, jamais se aceitou a idéia de que a nulidade da lei importaria na eventual nulidade de todos os atos que com base nela viessem a ser praticados." Se se olha as justificativas do tribunal (ver infra, letra e), então isso conduz ao âmbito da nulidade. Basta, para tanto, dar uma olhada no § 79, da lei do tribunal constitucional federal (ver para isso infra, nota 54, número 5'). No âmbito da nulificabilidade isso deixa entender-se sob a expressão "caso motivador", ver supra, nota 27, número 3. O dito na letra a), supra, vale também aqui.

e) Nos quatro casos acima mencionados tratou-se dos fundamentos. Agora, deverá tratar-se da justificativa. Ela pode ser assim esboçada: na RTJ 187, 1, página 169, é citada a coisa julgada e a segurança jurídica, esta coberta, aqui, pelo princípio da boa-fé; na RTJ 191, 3, página 936, é citada a segurança jurídica como subprincípio do estado de direito e na RTJ 193, 3, página 872, 875, 878, ela é considerada princípio constitucional. Na RTJ 193, 3, página 875, é citada também a omissão relativa. Em todos os casos isso é posto em relação com o princípio da nulidade, no caso concreto. Mais além, a nulidade é considerada como princípio constitucional na RTJ 193, 3, página 874, e, na página 875, colocada como princípio em sentido contrário ao da segurança jurídica; na página 884: "... que razões de segurança jurídica podem revelar-se aptas a justificar a não-aplicação do princípio da nulidade da lei inconstitucional." Como solução, é proposto na RTJ 193, 3, página 875: "... um processo de complexa ponderação;" na página 884: "... o princípio da nulidade somente há de ser afastado se se puder demonstrar, com base numa ponderação concreta, que a declaração de inconstitucionalidade ortodoxa envolveria o sacrifício da segurança jurídica ou de outro valor materializável sob a forma de interesse social." Mais adiante: "O afastamento de sua incidência [princípio da nulidade] dependerá de um severo juízo de ponderação que, tendo em vista análise fundada no princípio da proporcionalidade, faça prevalecer a idéia da segurança jurídica ou outro princípio constitucionalmente relevante manifestado sob a forma de interesse social relevante."

Deve, diante disso, ser observado que, primeiro: a nulidade não é direito fundamental, portanto, não é um mandamento de otimização (ver para isso Alexy, Robert. *Theorie der Grundrechte*. 2. Aufl., Frankfurt am Main: Suhrkamp, 1994, S. 75 ff. Versão espanhola: *Teoría de los derechos fundamentales*. Madrid: Centro de estudios constitucionales, 1997, página 86 e seguinte. Tradução: Ernesto Garzón Valdés); segundo: ela não é um princípio formal (ver para isso também Alexy, R., mesma obra, S. 89, 120, páginas 100, 132 e seguinte), assim, também nesse âmbito não se pode apresentar como um princípio em sentido contrário; terceiro: nessa conexão, o conceito de ponderação não se coloca (ver sobre isso Alexy, R., mesma obra, S. 143 ff.; página 157 e seguintes); quarto: é um princípio não-escrito, por isso, sua base não pode ser procurada na "imagem global pré-constitucional" (ver Hesse, K. (nota 6), página 44, nota 40, pontuação no original). Ver também infra, nota 54, número 5'.

f) Na RTJ 193, 3, página 868 e seguinte, é mencionada a jurisprudência americana. Na página 873 é exposto o resultado da argumentação desenvolvida na RTJ 82, 3, página 195 e seguinte, já mencionada na letra a), supra: "A lei inconstitucional não seria, portanto, nula *ipso jure*, mas apenas anulável. A declaração de inconstitucionalidade teria, assim, caráter constitutivo" (em itálico no original). E na página 874 é afirmado que o princípio da nulidade continua a ter plena aplicação entre nós, na página 884 é dito que o princípio da nulidade continua a ser a regra também no direito brasileiro.

Deve ser observado novamente que, primeiro: a prática americana citada na RTJ 193, 3, página 868 e seguinte, 870, situa-se no âmbito da nulificabilidade, tanto no plano da constitutividade como no temporal. O parágrafo do texto, no qual esta nota (48) está inserida, mostra isso e, além disso, o próprio tribunal, na RTJ 193, 3, página 869, confirma; segundo: ao não aceitar o caráter constitutivo, o tribunal, então, deve somente ter em vista a nulidade alemã (ver supra, nota 33, número 5.2). Lá, todavia, a nulidade está diante da nulificabilidade. Mais além: ao não aceitar o caráter constitutivo o tribunal nega a idéia de anulabilidade, que corresponde à da nulificabilidade no plano da constitutividade. Chega, porém, ao mesmo resultado quando põe em relação o princípio da nulidade com o da segurança jurídica. Assim se pode ler na RTJ 193, 3, página 877 e seguinte: "Essa tentativa, um tanto quanto heterodoxa, de preservar as vantagens pecuniárias já pagas a servidores públicos, com base numa lei posteriormente declarada inconstitucional, parece carecer de fundamentação jurídica consistente em face da nulidade da lei inconstitucional. Ela demonstra, ademais, que o tribunal, na hipótese, acabou por produzir uma mitigação de efeitos com base em artifícios quase que exclusivamente retóricos. Mais apropriado seria reconhecer que, nos casos referidos, a retroatividade plena haveria de ser afastada com fundamento no princípio da segurança jurídica, que, como se sabe, também entre nós é de hierarquia constitucional."

Diante disso, deixa dizer-se: tanto a anulabilidade como a nulificabilidade tem caráter constitutivo; a diferença reside, primeiro, no momento temporal: a anulabilidade tem efeito a partir da decisão (ver supra, nota 33, número 5.3 (segunda decisão)), a nulificabilidade, a partir da decisão, a partir de um momento antes da decisão ou a partir de um momento posterior à decisão e, segundo, no órgão chamado para substituir o ato.

Em tudo isso pode ser comprovado: segurança jurídica e excepcional interesse social não são fatores de constitutividade (segurança jurídica pode, sob determinadas circunstâncias dadas, falar até em favor da nulidade – como caso-limite da nulificabilidade (nulificação com força retroativa) –), também não são, nessa conexão, critério normativo (ver Heck, L. A. (nota 8), página 186; ver também supra, letra e) e nota 49, infra). Pode dizer-se que eles apresentam-se como bens coletivos e, nesse sentido, podem ser objetos de princípios do mesmo modo como outros objetos (direitos individuais ou não) podem ser objetos de princípios em sentido contrário (Alexy, R. *Theorie der Grundrechte*, nesta nota, S. 98; página 109 e seguinte). Deixa, complementarmente, ainda, dizer-se: "A ponderação entre o interesse da retroatividade do estado e o interesse da confiança do cidadão deixa justificar-se com isto, que o mandamento da certeza jurídica não vale absolutamente, mas, dado o caso, deve retroceder perante outros princípios relevantes jurídico-constitucionalmente, sim, possivelmente até, justamente, a certeza jurídica requer o esclarecimento retroativo da situação jurídica" (Maurer, Hartmut. Garantia de continuidade e proteção à confiança, in: Hartmut Maurer. *Contributos para o direito do estado.* Porto Alegre: Livraria do Advogado Editora, 2007, página 79, número de margem 38. Tradução: Luís Afonso Heck). Mais adiante, página 88, número de margem

54: "A retroatividade é, ademais, excepcionalmente então, justificada, quando, sem dúvida, em si, proteção à confiança deve ser afirmada, mas razões forçosas do bem-estar da comunidade exigem a retroatividade e preponderam na ponderação com o princípio da certeza jurídica e da proteção à confiança." O artigo 11, § 1, da lei 9.868, de 10.11.1999, parece confirmar isso.

Aqui parece bem claro que a questão da ausência de uma instância única competente para a rejeição não se deixa vencer por esse meio, o que, todavia, o tribunal parece ter em vista: "No que interessa para a discussão da questão em apreço, ressalte-se que o modelo difuso não se mostra incompatível com a doutrina da limitação dos efeitos" (RTJ 193, 3, página 869). "Não parece haver dúvida de que, tal como já exposto, a limitação de efeito é um apanágio do controle judicial de constitucionalidade, podendo ser aplicado tanto no controle direto como no controle incidental" (RTJ 193, 3, página 872). Pode dizer-se: no sistema difuso (ver supra, letra a)) podem existir, uma ao lado da outra, a idéia da nulidade (americana) (ver RTJ 82) e a da nulificabilidade de Kelsen (ver supra, nota 33, número 4. 4.2). O decisivo parece não ser isso, mas isto, a questão da rejeição: ou ela é tacitamente aceita (ver infra, nota 55) ou ela é legalmente vinculativa (§ 31, alínea 1 e 2, da lei do tribunal constitucional federal; ver infra, item IV. 2. e 4.).

Por fim, Hesse, depois de expor as regras de interpretação tradicionais, concluiu que nelas deve ser situada a falha e não no tribunal constitucional federal, que se declara partidário delas (Hesse, K. (nota 6), página 60, número de margem 59). Eu penso que aqui pode valer a mesma coisa, ou seja, na idéia de nulidade (não-kelseniana, ver supra, nota 33, número 4. 4.1) reside a falha e não no supremo tribunal federal. O cumprimento conveniente de sua tarefa pressupõe uma estrutura que possibilite a ele de fato executá-la em conformidade com a finalidade. Uma passagem da obra de Hesse pode esclarecer a respeito: "Por isso, a Constituição constitui órgãos aos quais, conforme a sua peculiaridade material, são confiados âmbitos de tarefa diferentes, determinados e limitados da atividade estatal e as faculdades de poder que são necessárias ao exercício apropriado daquelas tarefas: a Constituição fundamenta *competência* e cria, com isso, na dimensão do respectivo encargo, poder estatal jurídico. Ela procura regular a composição e organização dos órgãos em uma forma que corresponda à peculiaridade de sua tarefa e, por isso, garanta o exercício apropriado de suas funções. Ela coordena as diferentes funções uma a outra e procura, dessa maneira, alcançar que essas reciprocamente sejam complementadas apropriadamente, que colaboração, responsabilidade e controle sejam assegurados e seja impedido um abuso de autoridade" (Hesse, K. (nota 6), página 41, número de margem 27, em itálico no original).

um sentido somente perante atos que têm um efeito jurídico duradouro; ela é, portanto, atual, sobretudo, com referência à cassação de normas gerais. Com consideração ao ideal da certeza jurídica[49] se irá, em geral, deixar ficar eficaz a cassação de uma norma geral do fundamento de sua antijuridicidade somente pro futuro, isto é, da data da cassação. Sim, aqui se deve levar em consideração até a possibilidade de deixar entrar a eficácia da cassação com uma data posterior. Assim como à entrada em vigor de uma norma geral, uma lei ou um regulamento, de bons fundamentos é mandada adiante uma vacatio legis, assim poderia também, de considerações semelhantes, parecer como desejável o cessar o vigor de uma norma geral por

[49] Outra questão é o exame da retroatividade em sentido impróprio ou retrospectiva que figura quando a lei atua, em verdade, diretamente só sobre fatos presentes, ainda não consumados, para o futuro, mas, com isso, ao mesmo tempo, desvaloriza ulteriormente a posição jurídica afetada de todo (Heck, L. A. (nota 8), página 188). A retroatividade em sentido impróprio pode também suceder por meio de uma decisão judicial (Heck, L. A. (nota 8), página 188, nota 106, com indicação da jurisprudência). Aqui é que entram em jogo o preceito da certeza jurídica e o preceito da proteção à confiança como critérios normativos. Eles estão implicados no princípio do estado de direito (ver sobre isso Quine, Willard Van Ormann. *Grundzüge der Logik.* Frankfurt am Main: Suhrkamp, 1969, S. 62 ff. Tradução: Dirk Siefkes. Título original: Methods of Logic e Heck, L. A. (nota 14), página 20, nota 24, em relação ao princípio da proporcionalidade) e por isso, no plano constitucional, são deduzíveis do princípio do estado de direito. Ambos têm índole constitucional e, assim, servem de critério normativo. Ver sobre isso Heck, L. A. (nota 8), página 186, com indicação da jurisprudência. Sobre a retroatividade imprópria de leis ver, ainda, Maurer, H. (nota 14), página 489 e seguinte, número de margem 30 (aqui denominada de inautêntica) e em relação ao ato administrativo, também Maurer, H. (nota 14), página 265 e seguinte, número de margem 3, página 280, número de margem 24. Para isso, ainda, pormenorizadamente, Maurer, Hartmut. Garantia de continuidade e proteção à confiança, in: Hartmut Maurer. *Contributos para o direito do estado.* Porto Alegre: Livraria do Advogado Editora, 2007, página 59 e seguintes. Tradução: Luís Afonso Heck. Na RTJ 191, 3, página 933 e seguintes, tratou-se da anulação de ato administrativo com efeito favorável; para o papel do princípio da proteção à confiança nisso, ver Maurer, H. (nota 14), página 323 e seguintes, número de margem 21 e seguintes.

cassação primeiro depois do decurso de um determinado prazo após a decisão cassatória.[50] Contudo, circunstâncias podem tornar necessária a retroatividade da cassação de uma norma geral. Nisso é não só pensado no caso-limite, já antes mencionado, de uma retroatividade ilimitada, onde a nulificação de um ato equipara-se a sua nulidade[51]: se o ato antijurídico, segundo o poder discricionário livre da autoridade chamada à cassação, segundo as condições mínimas prescritas jurídico-positivamente para a validade do ato, deve ser reconhecido como mero ato jurídico aparente. Aqui entra em consideração, sobretudo, a possibilidade: limitar a retroatividade da cassação eficaz fundamentalmente só pro futuro de uma norma geral a determinados casos particulares ou a uma determinada categoria de casos, isto é: deixar entrar uma retroatividade limitada da cassação;[52] a isso ainda será voltado em uma conexão posterior.[53]

Para a realização técnico-jurídica da nulificação de um ato também tem importância se a cassação somente pode ser realizada pelo próprio órgão que fixou o ato antijurídico ou se para isso um outro órgão é chamado.[54] São, sobretudo, considerações de prestígio que levam à escolha da

[50] Essa idéia realizou a constituição austríaca. No artigo 139, que trata do exame de regulamento, em sua alínea 5, diz: " A decisão do tribunal constitucional, com a qual um regulamento é anulado como antilegal, obriga as autoridades supremas competentes da federação ou do estado à publicação sem demora da anulação. Isso vale conforme o sentido para o caso de uma declaração segundo a alínea 4. A anulação entra em vigor com o expirar do dia da publicação se o tribunal constitucional não determina um prazo para o ficar sem vigor, que não deve exceder seis meses, se, porém, são necessárias providências legais, 18 meses." Para a lei, ver artigo 140, alínea 5, supra, nota 27.

[51] Ver supra, nota 48, número 2. f).

[52] Aqui parece estar o fundamento da proposição do artigo 27, da lei número 9.868, de 10.11.1999: "... restringir os efeitos daquela declaração ... ."

[53] Ver supra, nota 27, número 3.

[54] Aqui está aludida a questão das *alternativas* para a declaração de nulidade (a palavra em itálico é de Maurer, Hartmut. A revisão jurídico-constitucional das leis pelo tribunal constitucional federal, in: Hartmut Maurer. *Contributos*

*para o direito do estado*. Porto Alegre: Livraria do Advogado Editora, 2007, página 303. Tradução: Luís Afonso Heck). Neste lugar, deve ser colocado:

1. no plano legal: o § 78, da lei do tribunal constitucional federal, autoriza o tribunal à declaração de nulidade. Diz o § 78: "Se o tribunal constitucional federal chega à convicção, que direito federal é incompatível com a lei fundamental ou direito estadual, com a lei fundamental ou com outro direito federal, então ele declara essa lei nula. São outras determinações da mesma lei, pelos mesmos fundamentos, incompatíveis com a lei fundamental ou com outro direito federal, então pode o tribunal constitucional federal declará-las nulas." A lei do procedimento administrativo, a ordenação da organização da jurisdição administrativa admite atos administrativos nulos e anuláveis; ver sobre isso Maurer, H. (nota 14), página 278 e seguintes, número de margem 20 e seguintes;

2. no plano teórico: o dogma da nulidade não é lógico-juridicamente coercitivo, como já mencionado acima, nota 33, número 5.2 (Schlaich/Korioth (nota 33), S. 275, Rn. 379);

3. no plano prático, pode ser lido em Hesse: "Por causa das conseqüências de uma decisão segundo o § 78 da lei sobre o tribunal constitucional federal, muitas vezes, o tribunal restringe-se a isto, declarar uma norma, incompatível com direito de hierarquia superior, incompatível com a lei fundamental" (Hesse, K. (nota 6), página 500, nota 30, com indicação da jurisprudência e doutrina). Em Maurer: "Existem, sempre de novo, casos, nos quais a declaração de nulidade, em si necessária, não compreende a infração da constituição verdadeira ou não só não elimina a anticonstitucionalidade, mas, até, ainda aprofunda" (Maurer, Hartmut. Jurisdição constitucional, in: Hartmut Maurer. *Contributos para o direito do estado*. Porto Alegre: Livraria do Advogado Editora, 2007, página 253, número de margem 90. Tradução: Luís Afonso Heck). Deve ser notado que Maurer emprega, no lugar citado, a expressão "declaração de anticonstitucionalidade", que corresponde àquilo que Hesse denomina de "declarar incompatível", como antes visto. Também corresponde àquilo que Schlaich/Korioth denominam de "declaração de incompatibilidade" (Schlaich/Korioth (nota 33), S. 291, Rn. 410 ff.).

Disso resultou aquilo que eu, uma vez, designei de "outras fórmulas decisórias", ou seja: a) nulidade parcial, que compreende 1. a nulidade parcial quantitativa e 2. a nulidade parcial qualitativa; b) declaração de incompatibilidade; c) a lei "ainda constitucional" e o assim denominado "apelo ao legislador"; d) interpretação conforme a constituição e e) interpretação orientada pela constituição. Essas fórmulas estão expostas em Heck, L. A. (nota 33), página 129 e seguintes, pontuação no original. Na RTJ 193, 3, página 875, está dito: "...

primeira de ambas as modalidades. Quer evitar-se que a autoridade da autoridade, que fixou a norma antijurídica e que vale como um órgão extremo, ou então, sob a inspeção

---

uma declaração de inconstitucionalidade alternativa." Na página 884: "decisão alternativa."

Mais além, deve ainda ser observado:

1'. Maurer afirma ainda que a letra c) corresponde, de certo modo, à situação jurídica austríaca e remete ao artigo 140, alínea 5, da constituição austríaca (ver supra, nota 27) (Maurer, Hartmut. Jurisdição constitucional, in: Hartmut Maurer. *Contributos para o direito do estado*. Porto Alegre: Livraria do Advogado Editora, 2007, página 256, número de margem 94. Tradução: Luís Afonso Heck). Na RTJ 193, 3, página 883, é mencionado o "apelo ao legislador" e o "processo de inconstitucionalização" (pontuação no original) e na página 884 é citado, novamente, o "apelo ao legislador" (pontuação no original);

2'. com respeito a a) 2. diz Maurer: "A supressão de conjunturas de casos determinados resulta do princípio da proporcionalidade" (Maurer, Hartmut. Jurisdição constitucional, in: Hartmut Maurer. *Contributos para o direito do estado*. Porto Alegre: Livraria do Advogado Editora, 2007, página 251, número de margem 85. Tradução: Luís Afonso Heck);

3'. Schlaich/Korioth estruturam o dispositivo da decisão no controle normativo em duas grandes partes. A primeira, eles denominam de "A regra: declaração de nulidade de normas anticonstitucionais" e subordinam a ela a letra a). A segunda, eles denominam de "variantes de decisão"; os dois títulos seguintes permanecem com a mesma denominação; eles subordinam a ela as letras b), c) d) e e) (Schlaich/Korioth (nota 33), S. 273 f.);

4'. em relação à letra b). Se se parte que a interpretação ocorre quando existe dúvida (ver Hesse, K. (nota 6), página 53 e seguinte, número de margem 49 e Gadamer, H.-G. (nota 1), S. 342; página 441), então podem, em geral, os passos seguintes ser fixados: 1. comprovar a dúvida; 2. eliminar a dúvida (da lei de grau inferior pela de grau superior ou às avessas); 3. confrontar a lei de grau superior com a de grau inferior (constituição-lei ou lei-regulamento, por exemplo); 4. verificar a compatibilidade ou incompatibilidade; 5. declarar constitucional (legal) ou anticonstitucional (antilegal);

5'. tendo em vista as conseqüências jurídicas da declaração de nulidade, pode ser lido em Maurer: "Pela declaração de nulidade não só a lei anticonstitucional é eliminada, mas também retirado o fundamento dos atos jurídicos, que até agora, em virtude dessa lei, foram promulgados. Certo é que a lei declarada nula não mais deve ser aplicada. Problemático é, porém, o vencimento dos atos jurídicos que se baseiam na lei anticonstitucional.

O § 79, da lei sobre o tribunal constitucional federal, traz para um âmbito parcial, ou seja, sentenças com coisa julgada e atos jurídicos com força de existência, uma regulação. Segundo isso, vale:

- sentenças penais com coisa julgada devem, por solicitação do condenado, segundo as prescrições do código de processo penal, ser vistas de novo, portanto, revisadas (§ 79 I, da lei do tribunal constitucional federal);

- de resto, continuam a existir sentenças com coisa julgada e atos administrativos com força de existência, que se baseiam em uma lei declarada nula (§ 79 II 1, da lei do tribunal constitucional federal). A declaração de nulidade não forma, portanto, um fundamento de revisão (adicional) para sentenças judiciais ou fundamento de retratação para atos administrativos;

- as decisões com coisa julgada e atos administrativos com força de existência não devem, porém, após a declaração de nulidade de sua base jurídica, mais ser executados (§ 79 II 2, da lei do tribunal constitucional federal);

- ademais, resulta mediatamente do § 79 II, da lei do tribunal constitucional federal, que os casos ainda não decididos com coisa julgada agora devem ser apreciados e decididos sob a observância da declaração de nulidade judicial-constitucional;

- finalmente, reserva-se o dador de leis, no conhecimento correto que a regulação em conjunto do § 79, da lei do tribunal constitucional federal, não sempre basta, uma "regulação legal particular". Dessa reserva ele, certamente, mal fez uso, o que levou a isto, que tanto mais o tribunal constitucional federal seguiu a lacuna com isso aberta.

O § 79, da lei do tribunal constitucional federal, baseia-se em um princípio de concepção clara: ele faz um corte claro entre o passado e o futuro. O antijurídico ocorrido deve-se deixar correr. No futuro, porém, o antijurídico constitucional não deve ser continuado, também não, à medida que se trata de casos já correntes e ainda não-concluídos. Nessa concepção, insere-se também a proibição de execução conseqüentemente.

Caso: A, B e C são invocados, por notificação de 1.3.1998, em virtude de uma regulação legal, para pagamento de uma contribuição. As circunstâncias estão situadas em todos os três igualmente. Mas eles reagem diferentemente: A paga, B promove oposição, C não faz nada. Em 1.7.1998 a lei é declarada anticonstitucional e nula pelo tribunal constitucional federal. A quer agora reaver o seu dinheiro; B e C são da concepção que eles não mais precisam pagar. Como deve ser decidido? No caso A, a notificação tornou-se com força de existência e, com isso, base jurídica do pagamento. A não mais pode pedir a devolução do dinheiro por ele pago. – No caso B, a autoridade de oposição deve observar a declaração de nulidade e, por conseguinte, anular a notificação, também quando ela, por outros fundamentos, tiver sido impugnada. B, portanto, não precisa pagar. – No caso C, a notificação, sem dúvida – como no caso A –, tornou-se com força de existência, mas ele, segundo o § 79 II 2, da lei do tribunal constitucional federal, não mais deve ser executado. C, igualmente, não precisa pagar. – Embora a solução das três conjunturas de casos seja conseqüente, ela político-juridicamente mal é capaz de satisfazer, uma vez que o cidadão leal é "apenado", o cidadão tardio, porém, "recompensado". Ela é, em conformidade com isso, debatida. Também o tribunal constitucional federal evita-a ocasionalmente, comparar BVerfGE 87, 153, 177 ff. (imposição do mínimo existencial).

À medida que o § 79, da lei do tribunal constitucional federal, não intervém, as conseqüências jurídicas da declaração de nulidade retroativa de leis devem ser esclarecidas segundo os princípios gerais. Deve, sem dúvida, ser partido disto, que os contratos, declarações de vontade, atos reais, e assim por diante, que se baseiam na lei posteriormente declarada nula ou orientaram-se nisso, são antijurídicos. Mas isso ainda não leva coercitivamente à ineficácia ou ao retrodesenvolvimento desses atos jurídicos. Ao contrário, devem – como também de costume em tais casos – os princípios de lealdade e boa-fé, o exercício do direito inadmissível, do venire contra factum proprium, da proteção à confiança, do exercício do poder discricionário sem vício, e assim por diante, ser considerados. De fato, a jurisprudência também geralmente conseguiu solucionar satisfatoriamente tais situações" (Maurer, H. (nota 33), página 251 e seguintes, número de margem 86 e seguintes).

A esse respeito, Schlaich/Korioth manifestam-se assim: "§ 79 toma a decisão no *conflito entre certeza jurídica e justiça material*, em geral, em favor da situação anticonstitucional e por conta da justiça no caso particular. Essa rigorosidade parece, por causa das conseqüências, do contrário impossíveis de prever, para o tráfego jurídico necessária. Ela é, porém, muito debatida e em muitos casos, ao fim e ao cabo, insuficiente" (Schlaich/Korioth (nota 33), S. 281 f., Rn. 393, itálico no original).

Por fim, no artigo 28, parágrafo único, da lei número 9.868, de 10.11.1999, encontram-se as alternativas da letra a) 2. e d). Ver na jurisprudência do supremo tribunal federal:

para a) 2.: RTJ 131, 2 (498); RTJ 137, 1 (90); RTJ 164, 1 (548); RTJ 172, 3 (850); RTJ 173, 2 (447); RTJ 177, 3 (1342); RTJ 178, 1 (117); RTJ 183, 3 (889); RTJ 189, 1 (98);

para d): RTJ 131, 2 (498); RTJ 132, 2 (483); RTJ 136, 3 (1034); RTJ 137, 1 (90); RTJ 144, 1 (146); RTJ 161, 3 (739); RTJ 163, 2 (530); RTJ 164, 1 (548);

e responsabilidade de um órgão extremo, fixou a norma (sobretudo então, quando se trata de uma norma geral), padeça pelo fato de uma outra parecer mais autorizada a cassar os atos da primeira e, com isso, colocar-se sobre ela, que deve valer como "extrema". Não só a "soberania" do órgão, que fixou o ato antijurídico, também o dogma da "separação dos poderes" é alegado para evitar a cassação do ato de uma autoridade por uma outra. Isso então, quando se trata de atos da autoridade administrativa extrema e a instância chamada para a cassação, por isso, está fora da organização administrativa e, tanto com respeito a sua função como com respeito a sua posição, deveria ter o caráter de uma autoridade jurisdicional independente, portanto, um tribunal. Na distinção, mais do que duvidosa, entre jurisdição e administração é a referência à "separação dos poderes", nesse caso, tão-pouco sólida como a apelação à "soberania" de um órgão. Ambos os argumentos, todavia, desempenham um papel particular na questão das garantias constitucionais. Sob o pretexto que a "soberania" do órgão fixador do ato antijurídico ou que a "separação dos poderes" deve ficar salvaguardada, coloca-se a anulação do ato antijurídico no poder discricionário desse próprio órgão, admite-se somente uma solicitação não-vinculativa de anulação do lado dos interessados (uma chamada "idéia"). Ou, então, existe um procedimento de acordo com a ordem, que deve levar à anulação do ato antijurídico por seu autor, mas a solicitação que abre o procedimento obriga a autoridade somente à realização do procedimento, mas não a isto, de terminá-lo em um modo determinado, ou seja, com a cassação do ato impugnado. A cassação permanece no poder discricionário, embora vinculado legalmente mas por nenhum órgão superior controlado, daquele

RTJ 167, 2 (372); 167, 2 (397); RTJ 172, 3 (850); RTJ 173, 3 (778); RTJ 177, 3 (1342); RTJ 178, 3 (1106); RTJ 179, 2 (493); 179, 3 (1009); RTJ 183, 3 (976); RTJ 185, 3 (878); RTJ 186, 2 (412); 186, 2 (434); 186, 3 (855); RTJ 187, 2 (626); 187, 3 (816); RTJ 188, 1 (17); 188, 2 (448), RTJ 190, 3 (903); 190, 3 (1127); RTJ 191, 1 (37); 191, 1 (510).

mesmo órgão que fixou o ato antijurídico. Finalmente, deveria ainda ser mencionado um terceiro caso, que, todavia, já forma a passagem ao segundo tipo aqui apresentado: para a decisão da questão da juridicidade do ato é certamente chamada uma outra autoridade; a cassação do ato antijurídico, contudo, permanece reservada ao órgão que fixou o ato. Porém, esse órgão pode ser obrigado juridicamente pelo conhecimento do outro a cassar o ato reconhecido como antijurídico. O cumprimento dessa obrigação pode até ser vinculado a um prazo. Que também essa modificação não oferece uma garantia suficiente, certamente não carece de nenhuma prova circunstanciada. Uma tal é somente dada quando a cassação do ato antijurídico deve realizar-se imediatamente por um órgão que é completamente distinto daquele que fixou o ato antijurídico e dele independente. Se se persevera na divisão habitual das funções estatais em dação de leis, jurisdição (judicatura) e administração, assim como na estrutura, associada a isso, do organismo da autoridade estatal em três grupos de órgãos: um dador de leis, um jurisdicional (aparelho judicial) e um aparelho administrativo, então se deve distinguir se a cassação do ato antijurídico permanece no interior do mesmo aparelho da autoridade, portanto, se, por exemplo, um ato administrativo ou uma sentença judicial, do fundamento de antijuridicidade, outra vez, somente é cassado por um ato administrativo ou uma sentença judicial, isto é, pelo ato de uma autoridade, membro de um mesmo grupo de órgão, por uma autoridade administrativa suprema em um caso, por uma autoridade judicial suprema, em outro; ou se a autoridade de cassação pertence a um outro grupo de órgãos. A garantia, designada como "via de recursos", da juridicidade de atos estatais faz parte do primeiro tipo, a jurisdição administrativa é um exemplo para o segundo. Característico para os ordenamentos jurídicos modernos é que a juridicidade de atos judiciais quase sem exceção é garantida por meio do primeiro tipo. Na chamada independência dos tribunais vê-se precisamente em si já uma garantia para a juridicidade do ato a ser fixado.[55]

Com a cassação do ato antijurídico resulta a questão de sua substituição por um jurídico. Nessa direção, devem ser distinguidas tecnicamente duas possibilidades; pode a autoridade chamada à cassação do ato antijurídico tam-

[55] Essas conexões, que nessa parte foram apresentadas, poderiam proporcionar os fundamentos para uma discussão jurídico-constitucional conforme a finalidade, do papel do senado federal, previsto no artigo 52, inciso X, da CF de 1988. Seja, agora, apenas realçado: a) no apresentado trata-se do "órgão que fixou o ato antijurídico". Nesse sentido, entrariam em consideração somente os atos jurídicos ocorridos na base jurídica do artigo 52, da CF de 1988; b) as "outras fórmulas decisórias", mencionadas na nota anterior, situam-se, tendo em vista a competência, no âmbito do § 31, da lei do tribunal constitucional federal. Nesse lugar deve, ainda, ser lembrado: "Primeiro a controvérsia precisa adquirir a forma de um conflito jurídico concreto para, no fundo, chegar diante dos tribunais, e se ela é trazida nessa forma diante deles, então eles julgam, contudo, a imediatamente sobre a constitucionalidade de leis ou outras atuações do governo, mas decidem sobre o mesmo caso dado só mediatamente pela motivação da sentença no conflito jurídico concreto. Verdadeiramente decidido é sempre somente o caso e absolutamente vinculativo para todos os particulares e todos os poderes estatais é, por causa disso, também sempre somente a sentença sobre o caso. Como, porém, deve ser suposto que em todos os casos análogos iria ser formada a mesma decisão, tem a motivação da sentença com a constitucionalidade ou anticonstitucionalidade de uma lei, em regra, também o efeito de uma verdadeira decisão dessas questões" (H. von Holst, citado por Barbosa, R. (nota 27), página 239, nota 325); c) com respeito ao último, deve, ainda, ser chamada a atenção sobre isto: os Estados Unidos (common law) são caracterizados historicamente pelo uso do método indutivo, enquanto que a Alemanha (civil law), pelo do método dedutivo. Isso, por sua vez, pode ser visto em conexão com a concepção do direito natural, respectivamente. Para aquilo, ver Kriele, Martin. *Recht und praktische Vernunft*. Göttingen: Vandenhoeck und Ruprecht, 1979, S. 100 ff. (S. 91 ff.); para isto, Friedrich, Carl J. *Teoría y realidad de la organización constitucional democrática (en europa y america)*. México: Fondo de Cultura Economica, 1946, página 108 e seguinte (105 e seguintes). Tradução: Vicente Herrero. Título original: Constitutional Goverment and Democracy. Sobre a questão do método, ver também Krings, Hermann; Stegmüller, Wolfgang; Baumgartner, Hans Michael. Método, in: *Estudos Jurídicos*, vol. 32, n. 84, jan./abr. 1999, página 5 e seguintes. Tradução: Luís Afonso Heck. Título original: Methode.

bém ter o poder de pôr no lugar do vicioso impugnado o jurídico, portanto, não só de cassar, mas também de reformar. Mas também pode a fixação do ato antijurídico permanecer a cargo daquela autoridade, cujo ato antijurídico foi cassado.[56] Se ela, nisso, está vinculada à concepção jurídica que a instância de cassação manifestou em seu conhecimento – por exemplo, em forma de fundamentos –, então reside nisso uma limitação de sua independência;[57] o que, contanto que exista cassação da sentença de um tribunal, não é insignificante para a apreciação da independência judicial como uma garantia específica da juridicidade da efetivação.[58]

Com isso, está abordado o tema da vinculatividade. Antes, porém, pode ainda ser dito: com base no texto legal e na jurisprudência constitucional é possível afirmar que a doutrina da nulificabilidade está presente no ordenamento jurídico brasileiro.

---

[56] Essa idéia também está na base da questão das alternativas para a declaração de nulificabilidade. Ver nota 54, supra.

[57] Comparar com nota 96, infra.

[58] Na segunda edição da teoria pura do direito, de 1960 (ver supra, nota 15 – a primeira é de 1934, ver supra, nota 11), Kelsen acolhe alguns pontos tratados no trabalho Wesen und Entwicklung der Staatsgerichtsbarkeit (nota 11), que foram apresentados acima. Assim:

1. o caráter constitutivo da decisão judicial (Kelsen, H. (nota 15), S. 242 ff.; página 263 e seguintes);

2. criação de normas gerais pelos tribunais: os juízes como dadores de lei; flexibilidade do direito e certeza jurídica (Kelsen, H. (nota 15), S. 255 ff.; página 277 e seguintes);

3. sentido subjetivo, sentido objetivo, sob o título "A lei "anticonstitucional"" (Kelsen, H. (nota 15), S. 275 ff., pontuação no original; página 300 e seguintes);

4. nulidade e nulificabilidade (Kelsen, H. (nota 15), S. 280 ff.; página 306 e seguintes). Também tratado sob o título "A decisão judicial "antilegal"" (mesmo autor e obra, S. 271 ff., pontuação no original; página 295 e seguintes).

# IV. Vinculatividade

A outra questão que deve aqui ser perseguida, a da vinculatividade, encontra-se no artigo 28, parágrafo único, da lei número 9.868, e no artigo 10, § 3, da lei número 9.882. Primeiro será tratado do efeito vinculativo; depois, da eficácia contra todos. O ponto de partida é o § 31, alínea 1 e 2, da lei do tribunal constitucional federal. Por fim, do rompimento da coisa julgada.

## 1. Efeito vinculativo

A vinculatividade deve ser colocada em conexão, inicialmente, com a coisa julgada. Coisa julgada significa, primeiro, a não-revogabilidade da decisão para o tribunal decididor.[59] Ela significa, mais além, a não-impugnabilidade da decisão promulgada (coisa julgada formal).[60] Enfim, pertence à coisa julgada também a coisa julgada material, portanto, a vinculação dos participantes do procedimento na decisão com coisa julgada formal mais além do próprio

[59] Ver Schlaich/Korioth (nota 33), S. 333, Rn. 477; Klein, Eckart, in: Benda, Ernst/Klein, Eckart. *Verfassungsprozeßrecht*. 2. Aufl., Heidelberg: Müller Verlag, 2001, S. 534, Rn. 1291.

[60] Ver Schlaich/Korioth (nota 33), S. 334, Rn. 478; Klein, E. (nota 59), S. 534 f., Rn. 1292.

procedimento, sobretudo, em um processo posterior. A determinação da extensão e limites da coisa julgada material também prepara dificuldades no direito processual constitucional. Preponderantemente é aceito que a coisa julgada objetivamente é limitada ao dispositivo da decisão, os fundamentos, porém, não resultam em coisa julgada, ainda que eles também, ocasionalmente, sejam invocados para a interpretação do dispositivo.[61] Subjetivamente a coisa julgada diz respeito aos participantes do procedimento, portanto, ao solicitador, oponente e àqueles que aderiam ao procedimento.[62] Problemas apresenta a questão sobre os limites temporais da coisa julgada material de decisões jurídico-constitucionais. Ela termina quando os fatos relevantes para a decisão modificam-se perante a data da decisão.[63]

## 2. § 31, alínea 1, da lei do tribunal constitucional federal

Segundo o § 31, alínea 1, da lei do tribunal constitucional federal, as decisões do tribunal constitucional federal vinculam os órgãos constitucionais[64] da federação e dos

[61] Ver Schlaich/Korioth (nota 33), S. 334, Rn. 479; Klein, E. (nota 59), S. 536, Rn. 1298.

[62] Ver Schlaich/Korioth (nota 33), S. 334, Rn. 479.

[63] Ver Schlaich/Korioth (nota 33), S. 335, Rn. 480.

[64] Órgãos constitucionais são os órgãos estatais que têm o seu fundamento organizacional e funcional na constituição. São eles: parlamento federal, conselho federal, assembléia federal, presidente federal, governo federal (chanceler federal, colégio e ministros federais), comissão comum e o tribunal constitucional federal. Ver sobre isso Maurer, Hartmut. *Staatsrecht I*, 4. Aufl., München: Verlag C. H. Beck, 2005, S. 391, Rn. 23. Deve ser observado que o artigo 28, parágrafo único, da lei número 9.868, de 10.11.1999, não menciona o legislador, mas o artigo 10, parágrafo 3, da lei número 9.882, de 3.12.1999, inclui-o. Isso tem a ver com o tratado no parágrafo seguinte do texto. Em conexão com isso, ver RTJ 193, 3, página 859 e seguinte.

estados, assim como todos os tribunais e autoridades.[65] A interpretação dessa prescrição, segundo Schlaich/Korioth,[66] causa grandes dificuldades. Seu conteúdo verdadeiro reside nisto, que a coisa julgada das decisões do tribunal constitucional federal é estendida pessoalmente, ou seja, vinculados estão todos os órgãos estatais, portanto, também autoridades e tribunais. Não vinculados estão pessoas naturais e pessoas jurídicas constituídas jurídico-privadamente. Na extensão pessoal reside uma diferença para com a coisa julgada que, em geral, somente diz respeito às partes (inter partes). Se essa diferença esgota-se na mera extensão ou se a extensão altera qualitativamente a coisa julgada, é uma questão difícil.[67] Mais adiante, dizem que especialmente às decisões do controle normativo cabe, mais além, um efeito vinculativo inter omnes.[68] Essa vinculatividade universal resulta do § 31, alínea 2, da lei do tribunal constitucional federal.[69] O próprio tribunal constitucional, segundo Schlaich/Korioth,[70] não está vinculado, ele pode desviar-se da sua jurisprudência. Até agora, porém, só raramente fez isso e ocasionalmente o tribunal, em desvios, chama a atenção sobre sua jurisprudência anterior.

Com respeito à coisa julgada e efeito vinculativo de decisões judicial-constitucionais reprovadoras de normas, apresentou-se uma divergência entre ambos os senados do tribunal. Segundo Schlaich/Korioth: "O 1. senado acha

[65] Klein diz: "A conseqüência disso tirada, que todas as decisões têm parte nesse efeito vinculativo, iria, contudo, ignorar a sua finalidade, que está estreitamente enlaçada com a posição e tarefa do tribunal constitucional federal. Isso significa que efeito vinculativo (somente) existe à medida que a função do tribunal constitucional federal como intérprete determinante e guarda da constituição exige isso" (Klein, E. (nota 59), S. 544, Rn. 1318).

[66] Schlaich/Korioth (nota 33), S. 335, Rn. 482.

[67] Ver infra, nota 96.

[68] Schlaich/Korioth (nota 33), S. 336, Rn. 482.

[69] Ver infra, item IV. 4.

[70] Schlaich/Korioth (nota 33), S. 336, Rn. 482.

que essa coisa julgada – verdadeiramente se trata do efeito vinculativo – de decisões judicial-constitucionais reprovadoras de normas não impede o dador de leis de votar uma regulação nova de conteúdo igual ou de conteúdo semelhante."[71] Ao contrário, o 2. senado fala da chamada "*proibição de repetição de norma*".[72] Assim: "O 2. senado apóia-se na decisão, sob esse aspecto, bem apodítica, BVerfG 1, 14 (15) e, lá, na proposição diretriz número 5: 'Uma sentença que declara uma lei nula tem não só força de lei ... mas ela também vincula, segundo o § 31 I, da lei do tribunal constitucional federal, com os fundamentos apoiadores, todos os órgãos constitucionais da federação, de modo que uma lei federal do mesmo conteúdo não pode ser promulgada mais uma vez.'"[73] Mais adiante, Schlaich/Korioth[74] afirmam que, apesar de possíveis objeções, essa nova tendência do 1. senado deve ser bem acolhida: também o dador de leis toma parte na concretização da constituição, um monopólio de interpretação sobre a constituição não cabe ao tribunal constitucional federal. Justamente, porém, para isso levou a proibição de repetição de norma.

### 3. Fundamentos apoiadores: vinculam também segundo o § 31, alínea 1, da lei do tribunal constitucional federal?

Segundo o § 31, alínea 1, da lei do tribunal constitucional federal, as "decisões" do tribunal constitucional federal

[71] Schlaich/Korioth (nota 33), S. 337, Rn. 483. Na nota 103 indica a decisão (BVerfGE 77, 84 (103 f.)) e a doutrina: aprovadora, crítica e recusante.

[72] Schlaich/Korioth (nota 33), S. 337, Rn. 483, pontuação e itálico no original. Na nota 104 cita a decisão (BVerfGE 69, 112 (115) e 1, 14 (37)) e a doutrina: crítica e diferenciadora.

[73] Schlaich/Korioth (nota 33), S. 337, Rn. 483.

[74] Schlaich/Korioth (nota 33), S. 339, Rn. 484.

vinculam. O texto da norma formula, portanto, uma vinculação na declaração do tribunal no dispositivo da decisão que, dado o caso, deve ser interpretado com auxílio dos fundamentos da decisão, como isso, também de costume, na determinação do alcance da coisa julgada, é o caso. Segundo jurisprudência constante do tribunal constitucional federal, porém, também vinculam os *"fundamentos apoiadores"* (tragenden Gründe) da decisão, à medida que contêm exposições sobre a interpretação da constituição.[75] Mais adiante, Schlaich/Korioth[76] dizem: "Com a vinculatividade não só do dispositivo da decisão concreto, mas também das declarações do tribunal nos fundamentos, à medida que eles (1) são apoiadores para o dispositivo da sentença e à medida que eles (2) são de natureza jurídico-constitucional e não apenas têm como objeto a interpretação de leis ordinárias, o tribunal constitucional federal transforma-se em *intérprete autêntico* da constituição. Isso é digno de atenção porque interpretar "autenticamente" pode, em si, somente o dador de leis ou, contanto que se trata da constituição, o dador de leis constitucional, portanto, aquela instância, que pode dispor sobre a norma também por alteração ou anulação. Segundo a idéia do tribunal constitucional federal, devem não só suas "decisões", portanto, o dispositivo da decisão, mas também suas concepções jurídicas no campo do direito constitucional ser vinculativas para cada órgão estatal, inclusive os deputados e os tribunais e, em virtude da lei, ser observadas".[77]

Essa concepção da vinculação dos "fundamentos apoiadores" das decisões do tribunal constitucional federal

[75] Schlaich/Korioth (nota 33), S. 340, Rn. 485, pontuação no original. Ver também infra, nota 96.

[76] Schlaich/Korioth (nota 33), S. 340, Rn. 486.

[77] Schlaich/Korioth (nota 33), S. 340 f., Rn. 486, pontuação e itálico no original.

é criticada progressivamente.[78] Assim, primeiro, depois de uma jurisprudência de 50 anos ainda não ficou claro quais fundamentos de uma decisão verdadeiramente devem ser "*apoiadores*".[79] Claro é somente que não-vinculativos são obiter dicta. Mas quais dicta são apoiadores? São as proposições que estão com o dispositivo em uma conexão tão estreita, interna, necessária ao pensamento, que o dispositivo não pode ser mantido se uma dessas proposições é abandonada ou é aquilo que o tribunal considera como necessário para justificar sua sentença e o que ele, por isso, ponderou maduramente e formulou refletidamente e, com isso, transformou em elementos apoiadores de sua fundamentação?[80] É, portanto, uma questão da lógica ("necessária ao pensamento") ou da valoração ("formulado refletidamente")?[81] Mais adiante, Schlaich/Korioth citam duas decisões do tribunal administrativo federal:[82] "Na averiguação daquilo que o tribunal constitucional federal quer considerar como determinante, cabe às *proposições diretrizes* da decisão importância particular, que são formuladas e publicadas pelo próprio tribunal. Delas resulta o que o tribunal considera como núcleo de sua decisão e quer dotar com efeito

[78] Schlaich/Korioth (nota 33), S. 341, Rn. 487, com indicação bibliográfica. Pontuação no original.

[79] Schlaich/Korioth (nota 33), S. 341, Rn. 488, pontuação e itálico no original. Em Klein lê-se: "Sobre aquilo que são "fundamentos apoiadores" pode o tribunal constitucional federal dispor somente no quadro de sua argumentação e da estrutura da decisão, mas não no sentido que ele seria livre para qualificar de fundamentos apoiadores quaisquer exposições" (Klein, E. (nota 59), S. 547, Rn. 1327).

[80] Isso colocam Schlaich/Korioth, com base em Geiger. Ver Schlaich/Korioth (nota 33), S. 341 f., Rn. 488 e Fußnote 120 und 121. Ver também Klein, E. (nota 59), S. 546, Rn. 1325.

[81] Assim, mais uma vez, Schlaich/Korioth (nota 33), S. 342, Rn. 488, pontuação no original. Ver RTJ 185, 3, página 1049, onde isso, em parte, está abordado.

[82] BVerwGE 73, 263; 77, 258, em itálico no original. Ver Schlaich/Korioth (nota 33), S. 342, Rn. 489, Fußnote 124, na qual, ainda, a doutrina e sua respectiva posição.

vinculativo." A isso, objetam Schlaich/Korioth,[83] questionando: "Deve o tribunal constitucional federal ter na mão, por formulação de proposições diretrizes, às quais ele não está obrigado e sobre o que não existe nenhuma regulação, formular proposições que vinculam materialmente como direito constitucional?"[84]

Segundo, argumentam Schlaich/Korioth,[85] tem algo de contraditório em si: não se cansa de falar da abertura, justamente, do direito constitucional e de uma compreensão constitucional dinâmica, mas não se recusa mais decididamente compreender jurisprudência constitucional como interpretação vinculativa no plano da constituição, porque por meio dela o direito constitucional iria com cada decisão do tribunal constitucional ser cimentado adicionalmente – sob a reserva de uma modificação da jurisprudência pelo próprio tribunal.

Terceiro: a canonização dos fundamentos apoiadores retira do tribunal constitucional federal também um elixir da vida de uma jurisdição suprema: tribunais inferiores apresentadores de objeção, fazedores de linha de combate, portanto, a disputa com eles, como os tribunais revisores a têm. O tribunal constitucional federal, com isso, privou-se mesmo amplamente da possibilidade de auto-revisão com base em argumentos periciais de órgãos estatais e judiciais participantes da vida constitucional.[86]

Sempre de novo houve na Alemanha tentativas de introduzir legalmente tal vinculatividade de proposições judiciais. Assim, no ano de 1838 foi promulgada em Hannover a "lei concernente à força vinculativa dos prece-

[83] Schlaich/Korioth (nota 33), S. 342, Rn. 489.

[84] Na BVerfGE 39, 334, que trata da fidelidade à constituição no serviço púbico, o tribunal formula mais de duas páginas de proposições diretrizes. Ver Schlaich/Korioth (nota 33), S. 342, Rn. 489.

[85] Ver Schlaich/Korioth (nota 33), S. 343, Rn. 490.

[86] Ver Schlaich/Korioth (nota 33), S. 344, Rn. 491, com indicação bibliográfica.

dentes, a serem dados a conhecer por coleção de leis, do tribunal de apelação superior, e à eliminação de decisões, reciprocamente opositoras, nos senados". Essa lei de precedentes, porém, não encontrou sucessor.[87] Na época de Weimar houve por Zeidler a proposta de um "tribunal para interpretação de lei vinculativa" e a proposta que o tribunal do império pudesse publicar no diário oficial do império uma decisão sobre uma questão jurídica como prescrição de interpretação vinculativa. Essas tentativas de uma tal vinculação de precedentes legal ou, mais exatamente, vinculação de proposição diretriz legal fracassaram todas.[88] A utilização de uma vinculação dos tribunais nos "fundamentos apoiadores" das decisões do tribunal constitucional federal, porém, quer obter exatamente isso. A decisão do tribunal administrativo superior, antes mencionada,[89] mostra isso.[90]

## 4. A força de lei das decisões do tribunal constitucional federal segundo o § 31, alínea 2, da lei do tribunal constitucional federal

Segundo o § 31, alínea 2, da lei do tribunal constitucional federal, nos casos de controle abstrato de normas, de controle concreto de normas, de revisão de direito internacional público, de continuidade da vigência de direito como direito federal e de recurso constitucional,[91] no

[87] Assim Schlaich/Korioth (nota 33), S. 344, Rn. 493, pontuação no original.

[88] Assim Schlaich/Korioth (nota 33), S. 345, Rn. 493, pontuação no original.

[89] Ver nota 82, supra.

[90] Assim Schlaich/Korioth (nota 33), S. 345, Rn. 493.

[91] Ver para isso, em seus pormenores, Heck, L. A. (nota 8), página 126 e seguintes.

conjunto denominado de controle normativo,[92] o tribunal pode declarar uma lei compatível ou incompatível com a lei fundamental ou nula. Essas decisões têm força de lei.[93] O artigo 94, alínea 2, proposição 1, autoriza o dador de leis federal expressamente a isto, determinar os casos nos quais as decisões do tribunal constitucional federal têm força de lei. O § 31, alínea 2, da lei do tribunal constitucional federal, apóia-se, portanto, nesse artigo da lei fundamental. Elas são publicadas pelo ministério federal da justiça no diário oficial, segundo o § 31, alínea 2, proposição 3.[94] O tribunal constitucional federal, no caso de reprovação de norma *não é um "dador de leis negativo"* que anula configurantemente normas existentes por atos em sentido contrário.[95] O § 31, alínea 2, da lei do tribunal constitucional federal, efetua que a decisão judicial-constitucional sobre leis é vinculativa perante todos os cidadãos e não somente, como é o caso no § 31, alínea 1, da lei do tribunal constitucional federal, perante os órgãos estatais. Nessa extensão pessoal do efeito vinculativo do § 31, alínea 1, da lei do tribunal constitucional federal, a todos os cidadãos (inter omnes) reside o conteúdo regulativo do § 31, alínea 2, da lei do

[92] Ver Schlaich/Korioth (nota 33), S. 345 e Lechner, Hans. *Bundesverfassungsgerichtsgesetz-Kommentar.* 4. Aufl., München: Beck, 1996, S. 193, Rn. 36.

[93] Chama-se aqui a atenção, assim, ao fato de que tanto a decisão que declara a compatibilidade como a que declara a incompatibilidade de uma lei com a lei fundamental tem força de lei, isto é, todas as decisões do controle normativo do tribunal constitucional federal, portanto, tanto as positivas como as negativas. Ver Schlaich/Korioth (nota 33), S. 274, Rn. 378 e Lechner, H. (nota 92), S. 194, Rn. 36. Essa questão ainda parece colocar dúvidas no supremo tribunal federal. Ver RTJ 190, 1, página 232 e seguinte, RTJ 193, 2, página 515 e seguinte. Ver sobre isso também Barbosa, R. (nota 27), página 79 e nota 55, supra.

[94] Essa decisão não é constitutiva. Ver sobre isso Schlaich/Korioth (nota 33), S. 346, Rn. 496; Klein, E. (nota 59), S. 544, Rn. 1317; Lechner, H. (nota 92), S. 194, Rn. 39. Kelsen, pelo contrário, acha que a eficácia da anulação entra em vigor primeiro com a publicação (Kelsen, H. (nota 11), S. 77; página 178).

[95] Schlaich/Korioth (nota 33), S. 346, Rn. 496, pontuação e itálico no original.

tribunal constitucional federal – ao lado da obrigação para publicação no diário oficial.[96]

## 5. Rompimento da coisa julgada

Em alguns casos pode a coisa julgada material ser rompida. Assim, na a) revisão. A revisão do procedimento

[96] Schlaich/Korioth (nota 33), S. 346, Rn. 496. Klein vê isso diferente: falar de uma extensão do efeito vinculativo do § 31, alínea 1, da lei do tribunal constitucional federal, pela força de lei a privados é incorreto se efeito vinculativo quer dizer qualitativamente algo diferente que efeito de coisa julgada, que corresponde à opinião do tribunal constitucional federal, sem dúvida, extremamente debatida, mas considerada correta [por Klein]. Por isso, é mais conveniente associar a força de lei à coisa julgada e não ao efeito vinculativo (Klein, E. (nota 59), S. 542 f., Rn. 1314). Em outro lugar: como a vinculatividade somente diz respeito ao dispositivo da decisão, segundo a matéria, portanto, é idêntico com a coisa julgada material, significa força de lei, por isso, a extensão dos limites subjetivos da coisa julgada a todos (erga omnes) (Klein, E. (nota 59), S. 542, Rn. 1313). Nesse sentido, pode dizer-se que o limite subjetivo da coisa julgada é: inter partes e erga omnes, por um lado e, por outro, que a extensão subjetiva do efeito vinculativo é: inter partes, inter omnes e erga omnes. O último indica para o entendimento do apresentado em Heck, L. A. (nota 43), página 63, nota 10: força de lei lá corresponde ao erga omnes aqui, e erga omnes lá corresponde ao inter omnes aqui. A tentativa lá foi apresentar a idéia aqui exposta no último, ou seja, a extensão subjetiva do efeito vinculativo. Outra questão é a extensão objetiva do efeito vinculativo, isto é, ela pode estender-se: ao dispositivo da decisão, à razão de decidir (ratio decidendi) e aos fundamentos apoiadores.

O curso das idéias, no que diz respeito ao apresentado aqui e nas notas 65 e 79, supra, desenvolvido na RTJ 193, 2, página 516 e seguintes, na RTJ 189, 3, página 1025 e na RTJ 190, 1, página 230 e seguinte, não é claro. Nesse lugar, isso não pode ser perseguido mais além. Finalmente, Schlaich/Korioth acham que a formulação da "força de lei" mostra-se como uma "palavra vazia". Ela hoje "não" tem "mais sentido". A ela, porém, coube uma vez um sentido (Schlaich/Korioth (nota 33), S. 346, Rn. 497, pontuação no original). Nesse sentido, trabalham, para a sua história, nessa página e nas seguintes, o federalismo e o sistema constitucional.

após a sua conclusão com coisa julgada a lei sobre o tribunal constitucional federal previu apenas na acusação contra juiz, segundo o artigo 98, alínea 2, da lei fundamental, em seu § 61 e, precisamente, só em favor do condenado e com vista à sua solicitação.[97] Na b) anulação da decisão de perda, prevista no § 40, da lei do tribunal constitucional federal. Klein[98] sugere que se pode pensar o caso da perda dos direitos fundamentais como um dos que admitem a revisão, porém, ele mesmo afirma que, nesse caso, o § 40, da lei do tribunal constitucional federal, já põe nas mãos do afetado um instrumento que, sob os pressupostos lá previstos, pode produzir uma modificação da decisão de perda ex nunc. E, por fim, na c) eliminação de antijurídico processual grave. Segundo Klein,[99] a recusa da invocação completa das regras de revisão no caminho da analogia geral pode, todavia, pontualmente, levar a uma situação não mais aceitável sob o aspecto da justiça. O tribunal viu essa necessidade de reagir a isso no caso particular. Assim, a modificação de uma decisão com coisa julgada é considerada como admissível na presença de antijurídico processual grave.[100]

[97] Klein, E. (nota 59), S. 539, Rn. 1305.

[98] Klein, E. (nota 59), S. 539 f., Rn. 1307.

[99] Klein, E. (nota 59), S. 540, Rn. 1308.

[100] Klein cita a BVerfGE 72, 84. Com razão, segundo Klein, o tribunal constitucional federal acentuou na resolução da câmara, de 14.06.2000 - 2 BvR 993/94, que a pretensão de um procedimento fair, como princípio geral, vale em todos os ordenamentos processuais (Klein, E. (nota 59), S. 540, Fußnote, 46). Para o procedimento fair, ver Heck, L. A. (nota 8), página 218 e seguintes.

## V. Conclusão

Proteção da constituição significa poder nulificar judicial-constitucionalmente o ato anticonstitucional e os seus efeitos. O caráter normativo da constituição, com vista à juridicidade das funções estatais, provém primeiro disso. O pressuposto para isso, por sua vez, é a fundamentação racional das decisões nulificadoras. E assim, em conjunto, mostra-se, pela jurisdição constitucional, no plano da divisão dos poderes, o papel da relação entre o dador de leis e o tribunal constitucional para o estado de direito democrático.

# Bibliografia

Alexy, Robert. *Theorie der juristischen Argumentation*. Frankfurt am Main: Suhrkamp, 1983. Versão espanhola: *Teoría de la argumentación jurídica*. Madrid: Centro de estudios constitucionales, 1997. Tradução: Manuel Atienza e Isabel Espejo.

——. *Theorie der Grundrechte*. 2. Aufl., Frankfurt am Main: Suhrkamp, 1994. Versão espanhola: *Teoría de los derechos fundamentales*. Madrid: Centro de estudios constitucionales, 1997. Tradução: Ernesto Garzón Valdés.

——. *Recht, Vernunft, Diskurs*. Frankfurt am Main: Suhrkamp, 1995.

——. Vício no exercício do poder discricionário, in: *Revista dos Tribunais*, volume 779, 2000, página 11 e seguintes. Tradução: Luís Afonso Heck. Título original: Ermessensfehler.

——. Direito constitucional e direito ordinário. Jurisdição constitucional e jurisdição especializada, in: Robert Alexy. *Constitucionalismo discursivo*. Porto Alegre: Livraria do Advogado Editora, 2007, página 71 e seguintes. Tradução: Luís Afonso Heck.

Barbosa, Rui. *A constituição e os actos inconstitucionaes do congresso e do executivo ante a justiça federal*. 2. ed., Rio de Janeiro: Atlantida editora s.d.

*Duden Deutsches Universalwörterbuch*. 2. Auf., Mannheim/Wien/Zürich: Dudenverlag, 1989.

Friedrich, Carl J. *Teoría y realidad de la organización constitucional democrática (en europa y america)*. México: Fondo de Cultura Economica, 1946. Tradução: Vicente Herrero. Título original: Constitutional Goverment and Democracy.

Gadamer, Hans-Georg. *Wahrheit und Methode*. Bd. 1, 6. Aufl., Tübingen: Mohr, 1990. Versão portuguesa: *Verdade e método I*. 7 ed. Petrópolis: Rio de Janeiro, 2005. Tradução: Flávio Paulo Meurer.

Guetzévitch, Mirkine. *As novas tendências do direito constitucional*. São Paulo: Companhia Editora Nacional, 1933. Tradução: Candido Motta Filho. Título original: Les nouvelles tendances du droit constitutionnel.

Habermas, Jürgen. Eine genealogische Betrachtung zum kognitiven Gehalt der Moral, in: mesmo autor, *Die Einbeziehung des Anderen. Studien zur politischen Theorie*. 2. Aufl., Frankfurt am Main: Suhrkamp, 1977, S. 11 ff. Versão portuguesa: *A inclusão do outro. Estudos de teoria política.* São Paulo: Edições Loyola, 2002, página 11 e seguintes. Tradução: Paulo Astor Saethe e George Sperber.

Häberle, Peter. Das Bundesverfassungsgericht als Muster einer selbständigen Verfassungsgerichtsbarkeit, in: Badura, Peter und Dreier, Horst (herausgegeben). *Festschrift 50 Jahre Bundesverfassungsgericht.* Erster Band, Tübingen: Mohr, 2001. S. 311 ff.

Heck, Luís Afonso. O recurso constitucional na sistemática jurisdicional-constitucional alemã, in: *Revista de Informação Legislativa,* n. 124, out./dez. 1994, página 115 e seguintes.

——. *O tribunal constitucional federal e o desenvolvimento dos princípios constitucionais.* Porto Alegre: Sérgio Antonio Fabris editor, 1995.

——. O controle normativo no direito constitucional brasileiro, in: *Revista dos Tribunais,* volume 800, junho de 2002, página 57 e seguintes.

——. Apresentação, in: Cachapuz, Maria Cláudia. *Intimidade e vida privada no novo código civil brasileiro.* Porto Alegre: Sérgio Antonio Fabris editor, 2006, página 11 e seguintes.

——. *Jurisdição constitucional e legislação pertinente no direito comparado.* Porto Alegre: Livraria do Advogado Editora, 2006.

Heckmann, Dirk. *Geltungskraft und Geltungsverlust von Rechtsnormen: Elemente einer Theorie der autoritativen Normgeltungsbeendigung.* Tübingen: Mohr Siebeck, 1997.

Hesse, Konrad. *Elementos de direito constitucional da república federal da Alemanha.* Porto Alegre: Sérgio Antonio Fabris editor, 1998. Tradução: Luís Afonso Heck. Título original: Grundzüge des Verfassungsrechts der Bundesrepublick Deutschland.

Ipsen, Jörn. *Rechtsfolgen der Verfassungswidrigkeit von Norm und Einzelakt.* Baden-Baden: Nomos Verlag, 1980.

Kelsen, Hans. *Hauptprobleme der Staatsrechtslehre.* 2. Aufl., Tübingen: Mohr, 1923.

——. Wesen und Entwicklung der Staatsgerichtsbarkeit, *VVDStRL,* Heft 5, Berlin und Leipzig: Walter de Gruyter, 1929. S. 30 ff. Versão portuguesa: A jurisdição constitucional, in: Kelsen, Hans. *Jurisdição constitucional.* São Paulo: Martins Fontes, 2003. Tradução: Maria Ermantina Galvão.

——. Wer soll der Hüter der Verfassung sein?, in: *Die Justiz,* Band VI (1930/31), Berlin-Grunewald: Dr. Walther Rotschild, S. 576 ff. Versão portuguesa: Quem deve ser o guardião da constituição?, in: Kelsen, Hans. *Jurisdição constitucional.* São Paulo: Martins Fontes, 2003, página 237 e seguintes. Tradução: Alexandre Krug.

——. Judicial Review of Legislation: A Comparative Study of the Austrian and the American Constitution, in: *The Journal of Politics,* Vol. 4, No. 2 (May, 1942), page 183 ff. Versão portuguesa: O controle judicial da constitucionalidade (Um estudo comparado das Constituições austríaca e americana), in: Kelsen, Hans. *Jurisdição constitucional.* São Paulo: Martins Fontes, 2003.

——. Zur Theorie der Interpretation, in: *Die Wiener Rechtstheoretische Schule.* Wien: Europa Verlag, 1968. S. 1363 ff.

——. *Reine Rechtslehre.* 2. Aufl., Wien: Franz Deuticke, 1983. Versão portuguesa: *Teoria pura do direito.* 6 ed. São Paulo: Martins Fontes, 1998. Tradução: João Baptista Machado.

Klein, Eckart, in: Benda, Ernst/Klein, Eckart. *Verfassungsprozeßrecht.* 2. Aufl., Heidelberg: Müller Verlag, 2001.

Köbler, Gerhard/Pohl, Heidrun, *Deutsch-Deutsches Rechtswörterbuch.* München: Beck, 1991.

Kriele, Martin. *Recht und praktische Vernunft.* Göttingen: Vandenhoeck und Ruprecht, 1979.

Krings, Hermann; Stegmüller, Wolfgang; Baumgartner, Hans Michael. Método, in: *Estudos Jurídicos,* vol. 32, n. 84, jan./abr. 1999, página 5 e seguintes. Tradução: Luís Afonso Heck. Título original: Methode.

Lechner, Hans. *Bundesverfassungsgerichtsgesetz-Kommentar.* 4. Aufl., München: Beck, 1996.

Maurer, Hartmut. *Staatsrecht I,* 4. Aufl., München: Verlag C. H. Beck, 2005.

——. *Direito administrativo geral.* São Paulo: Manole, 2006. Tradução: Luís Afonso Heck. Título original: Allgemeines Verwaltungsrecht.

——. Garantia de continuidade e proteção à confiança, in: Hartmut Maurer. *Contributos para o direito do estado.* Porto Alegre: Livraria do Advogado Editora, 2007, página 59 e seguintes. Tradução: Luís Afonso Heck.

——. Jurisdição constitucional, in: Hartmut Maurer. *Contributos para o direito do estado.* Porto Alegre: Livraria do Advogado Editora, 2007, página 217 e seguintes. Tradução: Luís Afonso Heck.

——. A revisão jurídico-constitucional das leis pelo tribunal constitucional federal, in: Hartmut Maurer. *Contributos para o direito do estado.* Porto Alegre: Livraria do Advogado Editora, 2007, página 281 e seguintes. Tradução: Luís Afonso Heck.

Moniz de Aragão, E. D. *Comentários ao código de processo civil.* vol. II, 10. ed., Rio de Janeiro: Forense, 2005.

Pontes de Miranda. *Tratado de direito privado.* Rio de Janeiro: Editor Borsoi, 1954, parte geral, tomos IV e V.

Popper, Karl R. *Die offene Gesellschaft und ihre Feinde.* Bd. 2. Falsche Propheten: Hegel, Marx und die Folgen. 7. Aufl., Tübingen, Mohr, 1992. Tradução: Paul K. Feyerabend. Título original: The Open Society and Ist Enemies. Versão portuguesa: *A sociedade aberta e seus inimigos,* v. 2, Belo Horizonte: Editora Itatiaia, 1974. Tradução: Milton Amado.

Prechtl, Peter. Artikel Dezision, Dezisionismus, in: *Metzler-Philosophie-Lexikon: Begriffe und Definitionen/Hrsg.* von Peter Prechtl und Franz-Peter-Burkard. 2. Aufl., Stuttgart; Weimar: Metzler, 1999.

Quine, Willard Van Ormann. *Grundzüge der Logik.* Frankfurt am Main: Suhrkamp, 1969. Tradução: Dirk Siefkes. Título original: Methods of Logic.

Schlaich, Klaus/Korioth, Stefan. *Das Bundesverfassungsgericht: Stellung, Verfahren, Entscheidungen.* 6. Aufl., München: 2004.

Schmitt, Carl. *Über die drei Arten des rechtswissenschaftlichen Denkens.* 2. Aufl., Berlin: Dunckler und Humblot, 1993.

——. *Der Hüter der Verfassung*. 4. Aufl., Berlin: Dunker und Humblot, 1996. Versão portuguesa: *O guarda da constituição*. Belo Horizonte: Del Rey, 2007. Tradução: Geraldo de Carvalho.

——. Die Tyrannei der Werte, in: *Säkularisation und Utopie, Festschrift für Ernst Forsthoff*. Stuttgart, Berlin, Köln, Mainz, 1967. S. 37 ff.

Wahrig, Gerhard. *Deutsches Wörterbuch*. München: Mosaik Verlag, 1986.